經典隨身讀 • 精選本

國富論

An Inquiry into the Nature and Causes of the Wealth of Nations

亞當·斯密
Adam Smith

Adam Smith, LL. D

AN INQUIRY INTO THE NATURE AND CAUSES OF THE WEALTH OF NATIONS

Oxford, At the Clarendon Press, 1880

出版說明

希羅多德(Herodoti)、黑格爾(G.W.F.Hegel)、盧梭(Jean-Jacques Rousseau)、亞當·斯密(Adam Smith)、凱恩斯(John Maynard Keynes)……,《經典隨身讀》中擇選的這些西方學者,或為一個時代的代表,或為一種思潮的先驅,他們的這些著作所蘊藏的思想財富和學術價值,久為學術界所熟知,是人類思想的精華,是我們前行的基礎。

閱讀原著,是親炙大師的最好方式,是認識理解這些學術經典的最直接的方法。但是,這些著作大多為鴻篇巨學,體系博大,因專業和研究的深入程度而帶有一定的抽象性,一般讀者不易於領悟。賦予這些經典著作以新的閱讀形式,成為現代出版人的現實責任。

《經典隨身讀》基於此種理念,邀請專家學者精選原著篇章,以靈活方式選錄近代西方學術界的殿堂級名著,並撰寫導讀,讓讀者可以從最短的篇幅,從最易切入的角度,掌握原著的精髓。這是一個新的嘗試,希望這套書能成為讀者認識著名學者、學說的入門書，同時也可以此作為自修讀本，豐富知識，充實自我。

商務印書館 編輯出版部謹識

選編者前言

西方古典經濟學家亞當．斯密，1723年出生於蘇格蘭愛丁堡附近的柯卡爾迪城，1790年逝世。終生未曾結婚，與母親相依為命。

斯密在故鄉接受基礎教育後，1737年14歲時進格拉斯哥大學學習哲學，深受其導師弗．哈奇森教授學術思想的影響。1740年以優異成績選入牛津大學深造。在該校學習六年，與哲學家大衛．休謨成為莫逆之交。1746年返回故鄉。1748年25歲時，在愛丁堡大學講授修辭學與經濟學等課程。1751年任格拉斯哥大學教授，先後講授邏輯學、道德哲學等課程。1759年將歷年講稿的一部分整理出版成《道德情操論》一書，因而享譽學術界。在該校任教十三年後，於1763年受年輕的布克萊希公爵之聘，擔任他的私人教師，年俸甚豐。1764年陪伴該公爵赴法旅遊約計三年。在法國時與伏爾泰、杜爾哥、魁奈等名流學者時相往還。1767年返回故鄉與其母同住，並開始撰寫《國民財富的性質和原因的研究》(簡稱《國富論》) 一書。1773年脫稿，經過三年的修改，於1776年出版。斯密通過該書建立了古典經濟學體系。

十六、十七世紀西歐盛行的是重商主義，它是最早期的資本主義思想。重商主義者認為金銀貨幣就是財富。起先，他們主張一國要增加財富，就應禁止金銀出口與貨幣外流；後來他們主張爭取貿易順差，以取得金銀貨幣。根據他們的主張，實行重商主義國家的政府積極干預經濟：對內嚴格管制工商企業，對外實行貿易保護主義。重商主義者站在商業資本的立場上，主要從流通領域研究資本主義的生產關係，他們不過是資本主義生產方式最早的探討者。

從十七世紀下半葉開始，英國的威廉·配第、約翰·洛克、大衛·休謨、里查德·坎蒂隆與法國的布阿吉爾貝爾先後突破重商主義理論的禁錮，提出一些有利於資本主義發展的論點。他們是古典經濟學的先行者。在他們的影響下，亞當·斯密針對十八世紀中葉，西歐的特別是英國的資本主義經濟相對發展，工場手工業日益壯大，技術發明不斷出現的實況，從資本主義的生產領域着手研究，經過多年不懈的努力，終於在1776年出版了《國富論》，創立了與重商主義相對立的系統性古典政治經濟學體系。《國富論》一書不但成為西方經濟學的經典著作，而且成為世界學術名著。

亞當·斯密通過《國富論》的書名，清楚地指出他研究的是國民財富，其目的在於富國裕民。他認為國民財富就是一國生產的商品總量。勞動則是供給人們一切生活必需品與便利品的源泉。他認為國民財富的增長，一方面決定於生產勞動量的增加，但更重要的是，取決於通過教育培訓，進行勞動分工所提高的勞動生產力。

這本精選本根據商務印書館1972年出版的，由著名資深經濟學家郭大力與王亞南兩位教授改訂的中譯本進行選編的。精選本保持原有五篇的總體結構，就保留的各章內容，優先挑選理論性段落，力求反映斯密的論點。原書第一篇計有十一章，現合併為三章，第一章論分工，包括原書第一篇前四章，它説明分工的利益、原因及其限制，以及由於分工必然促進交換，因此產生作為交換媒介的貨幣。第二章包括原書的第五至第七章，在其中斯密第一次較系統地闡明勞動價值論，不過它具有二元觀點，即除了勞動價值論以外，他認為工資、利潤與地租三種收入也決定價值。通過市場價格趨向於自然價格的分析，暗含着市場機制調節供求的作用，而自然價格則是自由競爭的價格，甚至是最低價格。第三章包括原書的第八至第十一章的內容，説明斯密的分配論。斯密在經濟學説史中，第一次說明資本主義社會中存在工人、資本家與地主三個基本階級，社會產品相應地以工資、利潤與地租三種收入分配與這三個基本階級。在這第一篇中，斯密建立了資本主義市場經濟的理論基礎，為後來稱為價值與分配理論，即現在的微觀經濟學構築理論框架，留待以後的經濟學家添磚加瓦，補充延伸，甚至加以修正。

第二篇保留了原有五章章名。在這一篇中，斯密説明他的資本學説與社會資本再生產理論。他將一國總資財的實物形態分成供消費的物資、固定資本與流動資本三部分。斯密強調資本積累，認為資本增加，源於節儉，而資本減少則由於奢侈與妄為。節約了多少收入，就增加多少資本。他還論證了將資本借給他人運用，收取利息的合法性，並説明資本供給量與利率之間的反向關係。

第三篇只保留四章中的頭尾兩章，考察促進或阻礙國民財富發展的因素。

原書第四篇第一、二、八共三章合併成“重商主義”一章，第九章“重農主義”列為本書的第二章，其餘各章從略。在這一篇中，斯密提出政治經濟學研究的目的就在於實現富國裕民。他批判了重商主義者認為財富由貨幣或金銀構成的思想，還批判重商主義者認為貿易只對順差國一方有利，從而實施貿易保護主義的論點。斯密認為各國各自以其先天的或後天獲得的優勢產品，相互進行貿易或者以多餘的產品換回自己需要的物品，對貿易雙方都是有利的。斯密吸收重農主義自由放任的政策主張，否定重農主義認為農業是財富的唯一來源，而把工匠、製造業者和商人視為不生產階級的錯誤觀點。斯密鄙視非生產勞動。如果說現代的服務行業或第三產業類似於斯密所說的非生產勞動，那麼斯密遠沒有預料到非生產勞動內涵的巨大變化，以及它促進經濟發展所起的偉大作用。

第五篇只保留原書第一、二章的部分內容。強調賦稅的四種原則：一是平等，按收入的比例納稅；二是確定性，稅額必須確定；三是便利納稅人納稅；四是賦稅收入必須平衡，正稅之外，不再受其他的勒索。這四項原則，直到現在都是顛撲不破的。

總的來看，貫徹《國富論》始終的，是斯密的經濟自由主義思想。在國內市場中，他主張自由競爭，認為自由競爭是發揮個人主動性與積極性的條件，是在長期間使商品市場價格達到最低水平的保證，而且是使企業建立良好經營方式的基礎。在國際貿易領域主張自由貿易，認為通過自由貿易實現國際分工，則貿易結果對貿易雙方都是有利的。斯密認為人們從事經濟活動，為的是實現自我利益，只要存在自由競爭與自由貿易，就會有效地促進社會利益，因而主張政府應採取自由放任政策。總之，斯密的經濟自由主義觀點，反映了資本主義上升階段的思想意識。時至今日，市場經濟中的適度競爭、與國際間的自由貿易在提高生產效率、合理配置資源，促進經濟發展，提高人民生活水平方面還是起着重要作用。由於經濟波動仍然存在，政府的調控工作日益繁重，世界各國政府不是早已放棄自由放任政策就是從未實行這種政策。

在《國富論》中，斯密還援用希臘、羅馬時代以來的歷史事實與有價值的數據資料，以支持他的論點。由於篇幅所限，只好從略。

至於本書選編內容是否得當，有否遺漏重要論點，敬請廣大讀者指正。

范家驤

目　錄

序論及全書設計

一國國民每年的勞動，本來就是供給他們每年消費的一切生活必需品和便利品的源泉。構成這種必需品和便利品的，或是本國勞動的直接產物，或是用這類產物從外國購進來的物品。

這類產物或用這類產物從外國購進來的物品，對消費者人數，或是有着大的比例，或是有着小的比例，所以一國國民所需要的一切必需品和便利品供給情況的好壞，視這一比例的大小而定。

但無論就哪一國國民說，這一比例都要受下述兩種情況的支配：第一，一般地說，這一國國民運用勞動，是怎樣熟練，怎樣技巧，怎樣有判斷力；第二，從事有用勞動的人數和不從事有用勞動的人數，究成甚麼比例。不論一國土壤、氣候和面積是怎樣，它的國民每年供給的好壞，必然取決於這兩種情況。

此外，上述供給的好壞，取決於前一情況的，似乎較多。在未開化的漁獵民族間，一切能夠勞作的人都或多或少地從事有用勞動，盡可能以各種生活必需品和便利品，供給他自己和家內族內因老幼病弱而不能漁獵的人。不過，他們是那麼貧乏，以致往往僅因為貧乏的緣故，迫不得已，或至少覺得迫不得已，要殺害老幼以及長期患病的親人；或遺棄這些人，聽其餓死或被野獸吞食。反之，在文明繁榮的民族間，雖有許多人全然不從事勞動，而且他們所消費的勞動生產物，往往比大多數勞動者所消費的要多過十倍乃至百倍。但由於社會全部勞動生產物非常之多，往往一切人都有充足的供給，就連最下等最貧窮的勞動者，只要勤勉節儉，也比野蠻人享受更多的生活必需品和便利品。

勞動生產力的這種改良的原因，究竟在哪裏？勞動的生產物，按照甚麼順序自然而然地分配給社會上各階級？這就是本書第一篇的主題。

不論一國國民在運用勞動時，實際上究竟是怎樣熟練，怎樣有技巧，怎樣有判斷力，在運用情況繼續不變的期間，一國國民每年供給狀況的好壞，總必取決於其國民每年從事有用勞動的人數，和不從事有用勞動的人數，究竟成甚麼比例。我以後要說明，有用的生產性勞動者人數，無論在甚麼場合，都和推動勞動的資本量的大小及資本用途成比例。所以本書第二篇，討論資本的性質，逐漸累積資本的方法，以及因為資本用途不同，所推動的勞動量亦不相同這幾點。

在勞動運用上已有相當程度的熟練、技巧和判斷力的不同國民，對於勞動的一般管理或指導，曾採取極不相同的計劃。這些計劃，並不同等地有利於一國生產物的增加。有些國家的政策，特別鼓勵農村的產業；另一些國家的政策，卻特別鼓勵城市的產業。對於各種產業，不偏不倚地使其平均發展的國家，怕還沒有。自羅馬帝國崩潰以來，歐洲各國的政策。都比較不利於農村的產業，即農業，而比較有利於城市的產業，即工藝、製造業和商業。本書第三篇將說明，甚麼情況促使人們採用和規定這種政策。

這些計劃的實行，最初也許是起因於特殊階級的利益與偏見，對於這些計劃將如何影響社會全體的福利，他們不曾具有遠見，亦不曾加以考慮。可是，這些計劃卻引起了極不相同的經濟學說。有的人認為城市產業重要，有的人又力說農村產業重要。這些不相同的學說，不僅對學者們的意思產生了相當大的影響，而且君王和國家的政策亦為它們所左右。我將盡我所能，在本書第四篇詳細明確地解釋這些不同學說，並說明它們在各時代和各國中所產生的重要影響。

要之，本書前四篇的目的，在於説明廣大人民的收入是怎樣構成的，並説明供應各時代各國民每年消費的資源，究竟有甚麼性質。第五篇即最後一篇所討論的，是君主或國家的收入。在這一篇裏，我要努力説明以下各點：第一，甚麼是君主或國家的必要費用，其中，哪些部分應該出自由全社會負擔的賦税，哪些部分應該出自社會某特殊階級或成員負擔的特殊賦税。第二，來自全社會所有納税人的經費是怎樣募集的，而各種募集方法大抵有甚麼利弊。第三，甚麼使幾乎所有近代各國政府都把收入的一部分，作為擔保來舉債，而這種債務，對於真實財富，換言之，對於社會的土地和勞動的年產物，有甚麼影響。

第 *1* 篇

論勞動生產力增進的原因，並論勞動生產物自然而然地分配給各階級人民的順序

第一章　論分工

一、分工的利益

勞動生產力上最大的增進，以及運用勞動時所表現的更大的熟練、技巧和判斷力，似乎都是分工的結果。

為使讀者易於理解社會一般業務分工所產生的結果，我現在來討論個別製造業① 分工狀況。一般人認為，分工最完全的製造業，乃是一些極不重要的製造業。不重要製造業的分工，實際上並不比重要製造業的分工更為周密。但是，目的在於供給少數人小量需要的不重要製造業，所僱用的勞動者人數，必然不多，而從事各部門工作的工人，往往可集合在同一工廠內，使觀察者能一覽無遺。反之，那些大製造業，要供給大多數人的大量需要，所以，各工作部門都僱有許許多多勞動者，要把這許

許多多勞動者集合在一個廠內，勢不可能。像這種大製造業的工作，實際上比小製造業分成多得多的部分。

鉏針製造業是極微小的了，但它的分工往往喚起人們的注意。所以，我把它引來作為例子。一個勞動者，如果對於這職業(分工的結果，使鉏針的製造成為一種專門職業)沒有受過相當訓練，又不知怎樣使用這職業上的機械(使這種機械有發明的可能的，恐怕也是分工的結果)，那末縱使竭力工作，也許一天也製造不出一枚鉏針。但按照現在經營的方法，不但這種作業全部已經成為專門職業，而且這種職業分成若干部門，其中有大多數也同樣成為專門職業。一個人抽鐵線，一個人拉直，一個人切截，一個人削尖線的一端，一個人磨另一端，以便裝上圓頭。要做圓頭，就需要有二三種不同的操作。裝圓頭，塗白色，乃至包裝，都是專門的職業。這樣，鉏針的製造分為十八種操作。有些工廠，這十八種操作，分由十八個專門工人擔任。固然，有時一人也兼任二三門。我見過一個這種小工廠，只僱用十個工人，因此在這一個工廠中，有幾個工人擔任二三種操作。像這樣一個小工廠的工人，雖很窮困，他們的必要機械設備，雖很簡陋，但他們如果勤勉努力，一日也能成針十二磅。以每

生產一種完全製造品所必要的勞動，
也往往分由許多勞動者擔任。

磅中等針有四千枚計，這十個工人每日就可成針四萬八千枚，即一人一日可成針四千八百枚。如果他們各自獨立工作，不專習一種特殊業務，那末，他們不論是誰，絕對不能一日製造二十枚針，說不定一天連一枚針也製造不出來。他們不但不能製出今日由適當分工合作而製成的數量的二百四十分之一，就連這數量的四千八百分之一，恐怕也製造不出來。

就其他各種工藝及製造業說，雖有許多不能作這樣細密的分工，其操作也不能變得這樣簡單，但分工的效果總是一樣的。凡能採用分工制的工藝，一經採用分工制，便相應地增進勞動的生產力。各種行業之所以各個分立，似乎也是由於分工有這種好處。一個國家的產業與勞動生產力的增進程度如果是極高的，則其各種行業的分工一般也都達到極高的程度。未開化社會中一人獨任的工作，在進步的社會中，一般都成為幾個人分任的工作。在進步的社會中，農民一般只是農民，製造者只是製造者。而且，生產一種完全製造品所必要的勞動，也往往分由許多勞動者擔任。農業上種種勞動，隨季節推移而巡環，要指定一個人只從事一種勞動，事實上絕不可能。所以，農業上勞動生產力的增進，總跟不上製造業上勞動生產力的增進的主要原因，也許就是農業不能採用完全的分工制度。

有了分工，同數勞動者就能完成比過去多得多的工作量，其原因有三：

第一，勞動者熟練程度的增進，勢必增加他所能完成的工作量。分工實施的結果，各勞動者的業務，既然終生局限於一種單純操作，當然能夠大大增進自己的熟練程度。慣於使用鐵錘而不曾練習製鐵釘的普通鐵匠，一旦因特殊事故，必須製釘時，我敢說，他一天至多只能做出二三百枚釘來，而且質量還拙劣不堪。而以此為終生業務的人，其熟練程度通常也高得多。在此等製造業中，有幾種操作的迅速程度簡直使人難於想像，如果你不曾親眼見過，你決不會相信人的手能有這樣大的本領。

第二，由一種工作轉到另一種工作，往往要損失一些時間，因節省這種時間而得到的利益，比我們驟看到時所想像的大得多。不可能很快地從一種工作轉到使用完全不相同工具而且在不同地方進行的另一種工作。耕作小農地的鄉村織工，由織機轉到耕地，又由耕地轉到織機，一定要虛費許多時間。誠然，這兩種技藝，如果能在同一廠坊內進行，那末時間上的損失，無疑要少得多，但即使如此，損失還是很大。

第三，利用適當的機械能在甚麼程度上簡化勞

有一些改良，
是出自哲學家或思想家的智能。

動和節省勞動，這必定是大家都知道的，毋須舉例。我在這裏所要說的只是：簡化勞動和節省勞動的那些機械的發明，看來也是起因於分工。人類把注意力集中在單一事物上，比把注意力分散在許多種事物上，更能發現達到目標的更簡易更便利的方法。分工的結果，各個人的全部注意力自然會傾注在一種簡單事物上。所以只要工作性質上還有改良的餘地，各個勞動部門所僱的勞動者中，不久自會有人發現一些比較容易而便利的方法，來完成他們各自的工作。唯其如此，用在今日分工最細密的各種製造業上的機械，有很大部分，原是普通工人的發明。他們從事於最單純的操作，當然會發明比較便易的操作方法。不論是誰，只要他常去觀察製造廠，他一定會看到極像樣的機械，這些機械是普通工人為了要使他們擔當的那部分工作容易迅速地完成而發明出來的。

可是，一切機械的改良，決不是全由機械使用者發明。有許多改良，是出自專門機械製造師的智巧；還有一些改良，是出自哲學家或思想家的智能。哲學家或思想家的任務，不在於製造任何實物，而在於觀察一切事物，所以他們常常能夠結合利用各種完全沒有關係而且極不類似的物力。隨着社會的進步，哲學或推想也像其他各種職業那樣，成為某一特定階級人民的主要業務和專門工作。此外，這種業務或工作，也像其他職業那樣，分成了許多部門，每個部門，又各成為一種哲學家的行業。哲學上這種分工，像產業上的分工那樣，增進了技巧，並節省了時間。各人擅長各人的特殊工作，不但增加全體的成就，而且大大增進科學的內容。

在一個政治修明的社會裏，造成普及到最下層人民的那種普遍富裕情況的，是各行各業的產量由於分工而大增。各勞動者，除自身所需要的以外，還有大量產物可以出賣；同時，因為一切其他勞動者的處境相同，各個人都能以自身生產的大量產物，換得其他勞動者生產的大量產物，換言之，都能換得其他勞動者大量產物的價格。別人所需的物品，他能予以充分供給；他自身所需的，別人亦能予以充分供給。於是，社會各階級普遍富裕。

考察一下文明而繁榮的國家的最普通技工或日工的日用物品罷！你就會看到，用他的勞動的一部分(雖然只是一小部分)來生產這種日用品的人的數目，是難以數計的。例如，日工所穿的粗劣呢絨上衣，就是許多勞動者聯合勞動的產物。為完成這種樸素的產物，勢須有牧羊者、揀羊毛者、梳羊毛者、染工、粗梳工、紡工、織工、漂白工、裁縫工，以及其他許多人，聯合起來工作。總之，我們如果考察這一切東西，並考慮到投在這每樣東西上的各種勞動，我們就會覺得，沒有成千上萬的人的幫助和合作，一個文明國家裏的卑不足道的人，即便按照（這是我們很錯誤地想像的）他一般適應的舒服簡單的方式也不能夠取得其日用品的供給的。

二、分工的原由

引出上述許多利益的分工，原不是人類智慧的結果，儘管人類智慧預見到分工會產生普遍富裕並想利用它來實現普遍富裕。它是不以這廣大效用為目標的一種人類傾向所緩慢而逐漸造成的結果，這種傾向就是互通有無，物物交換，互相交易。

這種傾向，為人類所共有，亦為人類所特有。其他各種動物，似乎都不知道這種或其他任何一種協約。兩只獵犬同逐一兔，有時也像是一種協同動作。但人類幾乎隨時隨地都需要同胞的協助，要想僅僅依賴他人的恩惠，那是一定不行的。他如果能夠刺激他們的利己心，使有利於他，並告訴他們，給他做事，是對他們自己有利的，他要達到目的就容易得多了。不論是誰，如果他要與旁人作買賣，他首先就要這樣提議：請給我以我所要的東西吧，同時，你也可以獲得你所要的東西。這句話是交易的通義。我們所需要的相互幫忙，大部分是依照這個方法取得的。我們每天所需的食料和飲料，不是出自屠戶、釀酒家或烙麵師的恩惠，而是出於他們自利的打算。我們不說喚起他們利他心的話，而說喚起他們利己心的話。我們不說自己有需要，而說對他們有利。

由於我們所需要的相互幫忙，大部分是通過契約、交換和買賣取得的，所以當初產生分工的也正是人類要求互相交換這個傾向。例如，在狩獵或游牧民族中，有個善於製造弓矢的人，他往往以自己製成的弓矢，與他人交換家畜或獸肉，結果他發覺，與其親自到野外捕獵，倒不如與獵人交換，因為交換所得比較多。這樣一來，人人都一定能夠把自己消費不了的自己勞動生產物的剩餘部分，換取自己所需要的別人勞動生產物的剩餘部分。這就鼓勵大家各自委身於一種特定業務，使他們在各自的業務上，磨煉和發揮各自的天賦資質或才能。

人們天賦才能的差異，實際上並不像我們所感覺的那麼大。人們壯年時在不同職業上表現出來的極不相同的才能，在多數場合，與其說是分工的原因，倒不如說是分工的結果。人類如果沒有互通有無、物物交換和互相交易的傾向，各個人都須親自生產自己生活上一切必需品和便利品，而一切人的

我們每天所需的食料和飲料，
不是出自屠戶、釀酒家或烙麵師的恩惠，
而是出於他們自利的打算。

任務和工作全無分別，那末工作差異所產生的才能的巨大差異，就不可能存在了。

使各種職業家的才能形成極顯著的差異，是交換的傾向；使這種差異成為有用的也是這種傾向。

他們彼此間，哪怕是極不類似的才能也能交相為用。他們依着互通有無、物物交換和互相交易的一般傾向，好像把各種才能所生產的各種不同產物，結成一個共同的資源，各個人都可從這個資源隨意購取自己需要的由別人生產的物品。

三、分工受市場範圍的限制

分工起因於交換能力，分工的程度，因此總要受交換能力大小的限制，換言之，要受市場廣狹的限制。市場要是過小，那就不能鼓勵人們終生專務一業。因為在這種狀態下，他們不能用自己消費不了的自己勞動生產物的剩餘部分，隨意換得自己需要的別人勞動生產物的剩餘部分。

有些業務，哪怕是最普通的業務，也只能在大都市經營。例如搬運工人，就只能在大都市生活。小村落固不待言；即普通墟市，亦嫌過小，不能給他以不斷的工作。散佈在荒涼的蘇格蘭高地一帶的人跡稀少的小鄉村的農夫，不論是誰，也不能不為自己的家屬兼充屠戶、烙麵師乃至釀酒人。在那種地方，要在二十英里內找到二個鐵匠、木匠或泥水匠，也不容易。離這班工匠至少有八九英里之遙的零星散居人家，只好親自動手做許多小事情；在人口眾多的地方，那些小事情一定會僱請專業工人幫忙。農村工人幾乎到處都是一個人兼營幾種性質很類似因而使用同一材料的行業。農村木匠要製造一切木製的物品；農村鐵匠要製作一切鐵製的物品。在蘇格蘭高地那樣僻遠內地，無論如何，總維持不了一個專門造鐵釘的工人。因為他即使一日只能製釘一千枚，一年只勞動三百日，也每年能製釘三十萬枚。但在那裏，一年也銷不了他一日的製造額，就是說銷不了一千枚。

水運開拓的市場比陸運所開拓的市場廣大得多，所以從來各種產業的分工改良，自然而然地都開始於沿海沿河一帶。把二百噸貨物由倫敦運往愛丁堡，依最低陸運費計算，亦需負擔一百人三個星期的生活費和四百匹馬五十輛四輪運貨車的維持費，以及和維持費幾乎相等的消耗。若由水運，所應負擔的，充其量也不過是六人至八人的生活費，載重二百噸貨船的消耗費，和較大的保險費，即水運保險費與陸運保險費之間的差額。

由於水運有這麼大的便利，所以工藝和產業的改良，都自然發軔在水運便利的地方。這種改良總

水運開拓的市場
比陸運所開拓的市場廣大得多。

要隔許久以後才能普及到內地。由於與河海隔離，內地在長期間內，只能在鄰近地方，而不能在其他地方，銷售其大部分生產物。所以，它的貨品銷量，在長時間內，必定和鄰近地方的財富與人口成比例。結果，它的改良進步總落後於鄰近地方。

根據最可靠的歷史記載，開化最早的乃是地中海沿岸各國。地中海是今日世界上最大的內海，沒有潮汐，海面平滑，島嶼棋佈，離岸很近。在羅盤針尚未發明，造船術尚不完全，人都不願遠離海岸，而視狂瀾怒濤為畏途的時候，對於初期航海最為適宜。

在地中海沿岸各國中，農業或製造業發達最早、改良最大的，首推埃及。上埃及的繁盛地域，都在尼羅河兩岸數英里內。在下埃及，尼羅河分成無數支流，大大小小，分佈全境；這些支流，只要略施人工，就不但可在境內各大都市間，而且在各重要村落間，甚至在村野各農家間，提供水上交通的便利。這種便利，與今日荷蘭境內的萊茵河和麥斯河，幾乎全然一樣。內陸航行，如此廣泛，如此便宜，無怪埃及進步得那麼早。

四、論貨幣的起源及其媒介效用

分工一經完全確立，一個人自己勞動的生產

物，便只能滿足自己慾望的極小部分。他的大部分慾望，須用自己消費不了的剩餘勞動生產物，交換自己所需要的別人勞動生產物的剩餘部分來滿足。於是，一切人都要依賴交換而生活，或者說，在一定程度上，一切人都成為商人，而社會本身，嚴格地說，也成為商業社會。

但在剛開始分工的時候，這種交換力的作用，往往極不靈敏。假設甲持有某種商品，自己消費不了，而乙所持有的這種物品，卻不夠自己消費。這時，甲當然樂於出賣，乙當然樂於購買甲手中剩餘物品的一部分，但若乙手中，並未持有甲目下希求的物品，他們兩者間的交易，仍然不能實現。這樣，他們就不能互相幫助。然而，自分工確立以來，各時代各社會中，有思慮的人，為了避免這種不便，除自己勞動生產物外，隨時身邊帶有一定數量的某種物品，這種物品，在他想來，拿去和任何人的生產物交換，都不會受拒絕。

為這目的而被人們先後想到並用過的物品可有種種。未開化社會，據說曾以牲畜作為商業上的通用媒介。牲畜無疑是極不便的媒介，據說，阿比西尼亞以鹽為商業交換的媒介；印度沿海某些地方，以某種貝殼為媒介；弗吉尼亞用煙草；紐芬蘭用乾魚丁；我國西印度殖民地用砂糖；其他若干國家則用獸皮或鞣皮。據我所聞，直到今日，蘇格蘭還有個鄉村，用鐵釘作媒介，購買麥酒和麵包。

然而，不論在任何國家，由於種種不可抗拒的理由，人們似乎都終於決定使用金屬而不使用其他貨物作為媒介。金屬不易磨損，它與任何其他貨物比較，都無愧色。而且，它不僅具有很大的耐久性，它還能任意分割，而全無損失，分割了也可再熔成原形。這性質卻為一切其他有耐久性的商品所沒有。金屬的這一特性，使金屬成為商業流通上適宜的媒介。例如，假設除了牲畜，就沒有別種物品可以換鹽，想購買食鹽的人，一次所購價值，勢必相當於整頭牛或整頭羊，他所購買的價值，不能低於這個限度，因為他用以購買食鹽的物品，不能分割，分割了，就不能復原。反之，假如他用以交易的物品，不是牲畜，而是金屬，他的問題就容易解決了，他可以按照他目前的需要，分割相當分量的金屬，來購買價值相當的物品。

各國為此目的而使用的金屬，並不相同。古斯巴達人用鐵，古羅馬人用銅，而一切富裕商業國的國民卻使用金銀。最初用作交換媒介的金屬，似乎都是粗條，未加何種印記或鑄造。

在這樣粗陋狀況下，金屬的使用，有兩種極大的不便。第一是稱量的麻煩；第二是化驗的麻煩。

貴金屬在分量上有少許差異，在價值上便會有很大差別。但要正確稱量這類金屬，至少需備有極精密的法碼和天平。金的稱量，尤其是一種精細的操作。但若買賣值一個銅板的貨物，也需每次稱量這一個銅板的重量，就不免令人覺得麻煩極了。化驗金屬的工作，卻更為困難，更為煩瑣。在鑄幣制度尚未實施以前，除非通過這種又困難又煩瑣的檢驗，否則就很容易受到極大的欺騙。所以，進步國家，為避免此種弊害，為便利交易，及促進各種工商業發達起見，都認為有必要，在通常用以購買貨物的一定分量的特定金屬上，加蓋公印。於是就有了鑄幣制度和稱為造幣廠的官衙。

最初蓋在貨幣金屬上的公印，其目的似乎都在於確定，那必須確定而又最難確定的金屬的品質或純度。在金塊上刻印，只附在金屬一面而不蓋住金屬全面。它所確定的，只是金屬的純度，不是金屬的重量。

要稱量金屬而毫無差誤，是很麻煩和很困難的。這便引出了鑄幣。鑄幣的刻印，不僅蓋住金屬塊的兩面，有時還蓋住它的邊緣。這種刻印，不但要確定金屬的純度，還要確定它的重量。自是以後，鑄幣就像現在那樣，全以個數授受，沒有稱重量的麻煩了。

我相信，世界各國的君主，都是貪婪不公的。他們欺騙臣民，把貨幣最初所含金屬的真實分量，次第削減。英格蘭的鎊和便士，現今價值大約相當於當初的三分之一；通過採用這些辦法，君王和國家就能以較小量的銀，表面上償還債務，並履行各種契約。實際上，政府的債權人因此被剝奪了一部分應得的權利。政府允許國內一切其他債務人，都有和君王相等的特權，他們同樣能以新的貶值幣，償還貨幣改鑄前借來的金額。所以，這種措施，常有利於債務人，而有損於債權人；有的時候，這種措施產生了比公共大災禍所能產生的大得多、普遍得多的個人財產上的革命。

貨幣就在這情況下，成為一切文明國商業上的通用媒介。通過這媒介，一切貨物都能進行買賣，都能相互交換。

---

① 本書所用“製造業”一語，是指手工製造業，因而和現今使用的此語的涵義有所不同，而它所用的“製造者”的涵義，和現今使用的“製造商”或“工廠主”的涵義，亦不相同。——譯者

第二章　支配商品交換價值的原則

我現在要討論人們在以貨幣交換貨物或以貨物交換貨物時所遵循的法則。這些法則決定所謂商品相對價值或交換價值。

應當注意，價值一詞有兩個不同的意義。它有時表示特定物品的效用，有時又表示由於佔有某物而取得的對他種貨物的購買力。前者可叫做使用價值，後者可叫做交換價值。使用價值很大的東西，往往具有極小的交換價值，甚或沒有；反之，交換價值很大的東西，往往具有極小的使用價值，甚或沒有。例如，水的用途最大，但我們不能以水購買任何物品，也不會拿任何物品與水交換。反之，金鋼鑽雖幾乎無使用價值可言，但必須有大量其他貨物才能與之交換。

為要探討支配商品交換價值的原則，我將努力闡明以下三點：

第一，甚麼是交換價值的真實尺度，換言之，構成一切商品真實價格的，究竟是甚麼？

第二，構成真實價格的各部分，究竟是甚麼？

第三，甚麼情況使上述價格的某些部分或全部，有時高於其自然價格或普通價格，有時又低於其自然價格或普通價格？換言之，使商品市場價格或實際價格，有時不能與其自然價格恰相一致的原因何在？

一、論商品的真實價格與名義價格或其勞動價格與貨幣價格

自分工完全確立以來，各人所需要的物品，僅有極小部分仰給於自己勞動，最大部分卻須仰給於他人勞動。所以，他是貧是富，要看他能夠支配多少勞動，換言之，要看他能夠購買多少勞動。一個人佔有某貨物，但不願自己消費，而願用以交換他物，對他說來，這貨物的價值，等於使他能購買或能支配的勞動量。因此，勞動是衡量一切商品交換價值的真實尺度。

任何一件物品的真實價格，即要取得這物品實際上所付出的代價，乃是獲得它的辛苦和麻煩。對於已得此物但願用以交換他物的人來說，它的真正價值，等於因佔有它而能自己省免並轉加到別人身上去的辛苦和麻煩。以貨幣或貨物購買物品，就是用勞動購買，正如我們用自己的勞動取得一樣。此等貨幣或貨物，使我們能夠免除相當的勞動。它們含有一定勞動量的價值，我們用以交換其他當時被認為有同量勞動價值的物品。勞動是第一性價格，是最初用以購買一切貨物的代價。世間一切財富，

原來都是用勞動購買而不是用金銀購買的。所以，對於佔有財富並願用以交換一些新產品的人來說，它的價值，恰恰等於它使他們能夠購買或支配的勞動量。

霍布斯説：財富就是權力。但獲得或承繼大宗財產的人，未必就獲得或承繼了民政上或軍政上的政治權力。他的財產，也許可以提供他一種獲得政權的手段，但單有財產未必就能給他政權。財產對他直接提供的權力，是購買力，是對於當時市場上各種勞動或各種勞動生產物的支配權。他的財產的大小與這種支配權的大小恰成比例，換言之，財產的大小，與他所能購買或所能支配的他人勞動量或他人勞動生產物數量的大小恰成比例。一種物品的交換價值，必然恰等於這物品對其所有者所提供的勞動支配權。

勞動雖是一切商品交換價值的真實尺度，但一切商品的價值，通常不是按勞動估定的。要確定兩個不同的勞動量的比例，往往很困難。兩種不同工作所費去的時間，往往不是決定這比例的唯一因素，它們的不同困難程度和精巧程度，也須加以考慮。一個鐘頭的困難工作，比一個鐘頭的容易工作，也許包含有更多勞動量；需要十年學習的工作做一小時，比普通業務做一月所含勞動量也可能較多。但是，困難程度和精巧程度的準確尺度不容易找到。誠然，在交換不同勞動的不同生產物時，通常都在一定程度上，考慮到上述困難程度和精巧程度，但在進行這種交換時，不是按任何準確尺度來作調整，而是通過市場上議價來作大體上兩不相虧的調整。這雖不很準確，但對日常買賣也就夠了。

加之，商品多與商品交換，因而多與商品比較，商品少與勞動交換，因而少與勞動比較。所以，以一種商品所能購得的另一種商品量來估定其交換價值，比以這商品所能購得的勞動量來估定其交換價值，較為自然。而且，我們說一定分量的特定商品，比說一定分量的勞動，也更容易使人理解。因為，前者是一個可以看得到和接觸得到的物體，後者卻是一個抽象的概念。抽象概念，縱能使人充分理解，也不像具體物那樣明顯、那樣自然。

但是，在物物交換已經停止，貨幣已成為商業上一般媒介的時候，商品就多與貨幣交換，少與別種商品交換。所以，一個商品的交換價值，多按貨幣量計算，少按這商品所能換得的勞動量或其他商品量計算。

像一切其他商品一樣，金銀的價值時有變動，時有高低，其購買也時有難易。一定金銀量所能購買或所能支配的勞動量或他種商品量，往往取決於當時已發現的著名金銀礦山出產量的大小。十六世紀美洲金銀礦山的發現，使歐洲金銀的價值幾乎減低為原價的三分之一。此等金屬由礦山上市所需勞動既較少，故上市後所能購買或所能支配的勞動也按同一程度減少。而且，在金銀價值上，這是最大的一次變革，自身價值會不斷變動的商品，決不是計量他種商品價值的準確尺度。但是，勞動卻當別論。等量勞動，無論在甚麼時候和甚麼地方，對於勞動者都可以說有同等的價值。如果勞動者都具有一般的精力和熟練與技巧程度，那末在勞動時，就必然犧牲等量的安樂、自由與幸福。他所購得的貨物不論多少，總是等於他所付出的代價。誠然，他的勞動，雖有時能購得多量貨物，有時只能購得少量貨物，但這是貨物價值變動，不是購買貨物的勞動價值變動。不論何時何地，凡是難於購得或在取得時需花多量勞動的貨物，價必昂貴；凡是易於購得或在取得時只需少量勞動的貨物，價必低廉。所以，只有本身價值絕不變動的勞動，才是隨時隨地可用以估量和比較各種商品價值的最後和真實標準。勞動是商品的真實價格，貨幣只是商品的名義價格。

可是，等量勞動，對於勞動者，雖常有等量價值，但在僱用勞動者的人看來，它的價值卻時高時低。僱主購買勞動，有時需用多量貨物，有時只需用少量貨物；因而，在他看來，勞動價格與其他一切物品一樣常在變動。在他看來，以多量貨物購得的勞動價昂，以少量貨物購得的勞動價廉。其實，在前一場合，是貨物價廉；在後一場合，是貨物價昂。

所以，按照通俗的說法，勞動也像商品一樣可以說有真實價格與名義價格。所謂真實價格，就是報酬勞動的一定數量的生活必需品和便利品。所謂名義價格，就是報酬勞動的一定數量的貨幣。勞動者是貧是富，其勞動報酬是壞是好，不與其勞動的名義價格成比例，而與其勞動的真實價格成比例。

就商品與勞動來說，真實價格與名義價格的區別，不僅僅是純理論問題，在實用上，也非常重要。同一真實價格的價值，往往相等；但同一名義價格的價值，卻往往因金銀價值變動而產生極大的差異。所以，假設一個人，要以永久租佃為條件而售賣地產，如果他真要使地租的價值永久不變，那就不可把地租定為一定數額的貨幣。一定數額的貨幣的價值難免有兩種變動：第一，由於同一名稱鑄幣各時代所含不同金銀分量而產生的變動；第二，由於同一分量金銀價值各時代各不相同而產生的變動。

我相信，各國鑄幣內所含的純金屬量都在不斷減少，從來沒有增加，所以，這種變動常使貨幣地租的價值降低。

美洲礦山的發現，降低了歐洲金銀的價值。據一般人推測，金銀價值還會逐漸下降，而且在長時期內大概會繼續下降(但我認為這沒有確實論據)。所以，在這種推測下，即使地租不規定為鑄幣若干鎊，而規定為純銀或某種成色的白銀若干盎斯，這種變動多半會降低而不是增加貨幣地租的價值。

穀物地租卻不如此。穀物地租，即使在鑄幣名實一致的時候，也比貨幣地租更能保持原有價值。

在兩個相隔很遠的時期裏，等量穀物(即勞動者的生活資料)，比等量金銀或其他貨物，似更可能購買等量勞動。所以，等量穀物在兩個相隔很遠的時期裏更可能保持幾乎相同的真實價格，換言之，使有穀物者，更可能以等量穀物購買或支配他人的等量勞動。我只說，等量穀物比等量其他商品更可能購買或支配等量勞動，因為等量穀物不可能絲毫不差地購買或支配等量勞動。勞動者的生活資料，換言之，勞動的真實價格在不同時期是大不相同的。勞動者所享有的生活資料，在進步社會，多於靜止社會，在靜止社會，又多於退步社會。

不過，我們要注意一點：穀物地租真實價值的

***洲礦山的發現，
降低了歐洲金銀的價值。***

變動，就一世紀一世紀來說，雖比貨幣地租真實價值的變動少得多，但就一年一年來說，卻比貨幣地租真實價值的變動多得多。勞動的貨幣價格，並不逐年隨穀物的貨幣價格漲落而變動。它似乎不和穀物的暫時或偶然價格相適應，而和穀物的平均或普通價格相適應。而且，我們以後會知道，穀物的平均或普通價格，受銀價的支配，受銀礦山出產額大小的支配，受運銀到市場所必須使用的勞動量的支配，因而也受所必須消費的穀物量的支配。銀價就一世紀一世紀來說，有時雖有很大變動，但就一年一年來說，卻很少有很大變動，往往在五十年或一百年內，具有相同或大約相同的價值。因此，也在這麼長久的一個時期內，具有相同或幾乎相同的平均或普通貨幣價格。而勞動也保持有同樣的貨幣價格，至少在社會其他情況全無變動或幾乎無變動的場合是這樣。不過，穀物的暫時或偶然價格，今年比去年高一倍是常會發生的事，例如，今年每夸特二十五先令，明年漲至五十先令。可是，當穀物漲至每夸特五十先令時，穀物地租的名義價值和真實價值就比從前高一倍，或者說所支配的勞動量或其他貨物量比從前大一倍，但在這些變動中，勞動和大多數其他商品的貨幣價格卻仍舊不變。

由此可見，只有勞動才是價值的普遍尺度和正確尺度，換言之，只有用勞動作標準，才能在一切時代和一切地方比較各種商品的價值。就一世紀一世紀來說，我們不能用一種物品所能換得的銀量來估定這物品的真實價值；就一年一年來說，我們不能用一種物品所能換得的穀物量來估定這物品的真實價值。但無論就一世紀一世紀來說，或就一年一年來說，我們都可極其準確地用一種物品所能換得的勞動量，來估定這物品的真實價值。

真實價格與名義價格的區分，對訂定永久地租或締結長期租地契約，可能還有用處，但對日常生活中比較普通的買賣，卻沒有用處。

在同一時間或同一地方，一切物品的真實價格與名義價格都成正比例。例如，在倫敦市場上售賣一種商品，所得貨幣越多，那末在那個時間，它所能購買或所能支配的勞動量亦越多；所得貨幣越少，它所能購買或支配的勞動量亦越少。所以，在同一時間和同一地方，貨幣乃是一切商品的真實交換價值的正確尺度。但只在同一時間和同一地方才是這樣。

在相隔很遠的兩個地方，商品的真實價格與貨幣價格不成正比例，而往來販運貨物的商人只考慮商品的貨幣價格，換言之，他所考慮的，只是購買商品所用的銀數和出賣商品可換得的銀數之間的差

在同一時間和同一地方，
貨幣乃是一切商品的真實交換價值
的正確尺度。

額。在中國廣州地方，半盎斯白銀所可支配的勞動量或生活必需品和便利品量，比倫敦一盎斯白銀所可支配的也許還要大。所以，對於各該地的某一商品的所有者來說，在廣州以半盎斯白銀出售，比在倫敦以一盎斯白銀出售，實際上也許更有價值，更為重要。不過，如果倫敦商人能在廣州以半盎斯白銀購買的某一商品，後來能在倫敦以一盎斯白銀的價格出賣，他這趟買賣，就獲得了百分之百的利益，好像倫敦和廣州的銀價完全相同一樣。至於廣州半盎斯白銀，比倫敦一盎斯白銀，能夠支配更多勞動或更多生活必需品和便利品，對這個商人來說，是不重要的。在倫敦，一盎斯白銀使他能夠支配的勞動量和生活必需品與便利品量，總是兩倍於半盎斯白銀，而這正是他所希求的。

由於一切買賣行為的適當與否，最終都取決於商品的名義價格或貨幣價格，而日常生活中幾乎所有交易也受其支配，所以，人們大都注意名義價格而不注意真實價格，是毫不足怪的。

二、論商品價格的組成部分

在資本累積和土地私有尚未發生以前的初期野蠻社會，獲取各種物品所需要的勞動量之間的比例，似乎是各種物品相互交換的唯一標準。例如，一般地說，狩獵民族捕殺一頭海狸所需要的勞動，若兩倍於捕殺一頭鹿所需要的勞動，那末，一頭海狸當然換兩頭鹿。所以，一般地說，兩日勞動的生產物的價值兩倍於一日勞動的生產物，兩個小時勞動的生產物的價值兩倍於一個小時勞動的生產物，這是很自然的。

如果一種勞動比另一種勞動更為艱苦，對於這較大的艱苦，自然要加以考慮。一個小時艱苦程度較高的勞動的生產物，往往可交換兩個小時艱苦程度較低的勞動的生產物。

如果某種勞動需要非凡的技巧和智能，那末為尊重具有這種技能的人，對於他的生產物自然要給與較高的價值，即超過他勞動時間所應得的價值。這種技能的獲得，常須經過多年苦練，對有技能的人的生產物給予較高的價值，只不過是對獲得技能所需花費的勞動與時間，給以合理的報酬。進步社會，對特別艱苦的工作和特別熟練的勞動，一般都在勞動工資上加以考慮。在初期蒙昧社會，可能也作過這種考慮。

在這種社會狀態下，勞動的全部生產物都屬於勞動者自己。一種物品通常應可購換或支配的勞動量，只由取得或生產這物品一般所需要的勞動量來決定。

一個小時艱苦程度較高的勞動的
生產物，往往可交換兩個小時艱苦
程度較低的勞動的生產物。

資本一經在個別人手中積聚起來，當然就有一些人，為了從勞動生產物的售賣或勞動對原材料增加的價值上得到一種利潤，便把資本投在勞動人民身上，以原材料與生活資料供給他們，叫他們勞作。與貨幣、勞動或其他貨物交換的完全製造品的價格，除了足夠支付原材料代價和勞動工資外，還須剩有一部分，給予企業家，作為他把資本投在這企業而得的利潤。所以，勞動者對原材料增加的價值，在這種情況下，就分為兩個部分，其中一部分支付勞動者的工資，另一部分支付僱主的利潤，來報酬他墊付原材料和工資的那全部資本。假若勞動生產物的售賣所得，不能多於他所墊付的資本，他便不會有僱用工人的興趣；而且，如果他所得的利潤不能和他所墊付的資本額保持相當的比例，他就不會進行大投資而只進行小投資。

也許有人說，資本的利潤只是特種勞動工資的別名，換言之，不外是監督指揮這種勞動的工資。但利潤與工資截然不同，它們受着兩個完全不同的原則所支配，而且資本的利潤同所謂監督指揮這種勞動的數量、強度與技巧不成比例。利潤完全受所投入的資本的價值的支配，利潤的多少與資本的大小恰成比例。假定某處有兩種不同的製造業，各僱用勞動者二十人，工資每人每年十五鎊，即每年各需支工資三百鎊，而該處製造業資本的普通年利潤為百分之十。又假定一方每年所加工的粗糙原料只值七百鎊；另一方所加工的精細原料值七千鎊。合計起來，前者每年投下的資本不過一千鎊；而後者卻有七千三百鎊。因此，按百分之十年利計，前一企業家每年預期可得一百鎊的利潤；後一企業家每年卻預期得到七百三十鎊的利潤。他們的利潤額，雖那麼不相同，他們的監督指揮卻無甚差別，甚或全然一樣。在許多大工廠裏，此類工作大抵交托一個重要職員經管。這個職員的工資，正確地表示了監督指揮那一類勞動的價值。在決定這職員的工資時，通常不僅考慮他的勞動和技巧，而且考慮他所負的責任；不過，他的工資和他所管理監督的資本並不保持一定的比例。而這資本所有者，雖幾乎沒有勞動，卻希望其利潤與其資本保持一定的比例。所以，在商品價格中，資本利潤成為一個組成部分，它和勞動工資絕不相同，而且受完全不相同原則的支配。

在這種狀態下，勞動的全部生產物，未必都屬於勞動者，大都須與僱用他的資本所有者共分。一般用於取得或生產任何一種商品的勞動量，也不能單獨決定這種商品一般所應交換、支配或購買的勞動量。很明顯，還須在一定程度上由另一個因素決

勞動的全部生產物，
未必都屬於勞動者，
大都須與僱用他的資本所有者共分。

定，那就是對那勞動墊付工資並提供材料的資本的利潤。

一國土地，一旦完全成為私有財產，有土地的地主，像一切其他人一樣，都想不勞而獲，甚至對土地的自然生產物，也要求地租。森林地帶的樹木、田野的草、大地上各種自然果實，在土地共有時代，只需出些力去採集的，但現今除出力外，還須付給代價。勞動者要採集這些自然產物，就必須付出代價，取得准許採集的權利；他必須把他所生產或所採集的產物的一部分交給地主。這一部分，或者説，這一部分的代價，便構成土地的地租。在大多數商品價格中，於是有了第三個組成部分。

必須指出，這三個組成部分各自的真實價值，由各自所能購買或所能支配的勞動量來衡量。勞動不僅衡量價格中分解成為勞動①的那一部分的價值，而且衡量價格中分解成為地租和利潤的那些部分的價值。

無論在甚麼社會，商品價格歸根到底都分解成為那三個部分或其中之一。在進步社會，這三者都或多或少地成為絕大部分商品價格的組成部分。

以穀物價格為例。其中，一部分付給地主的地租，另一部分付給生產上所僱用的勞動者的工資及耕畜的維持費，第三部分付給農業家的利潤。穀物的全部價格，或直接由這三部分構成，或最後由這三部分構成。也許有人認為，農業家資本的補充，即耕畜或他種農具消耗的補充，應作為第四個組成部分。但農業上一切用具的價格，本身就由上述那三個部分構成。就耕馬說，就是飼馬土地的地租、牧馬勞動的工資，再加上農業家墊付地租和工資的資本的利潤。因此，在穀物價格中，雖必須以一部分支付耕馬的代價及其維持費，但其全部價格仍直接或最後由地租、勞動及利潤這三部分組成。

就麵粉價格說，我們必須在穀物價格上，加上麵粉廠主的利潤及其僱工的工資；就麵包價格說，我們須加上麵包師的利潤及其僱工的工資。但由農家那裏運穀物到麵粉廠，由麵粉廠運麵粉到麵包師那裏，又需若干勞動；墊付這種勞動的工資，又需若干資本。這種勞動的工資，和這種資本的利潤，亦須加在這兩種物品的價格內。

物品製造，越接近於完成，其價格中工資利潤部分，和地租部分比較，便越大。隨着製造過程的進展，不僅利潤的項目增加，而且後一階段製造者，比前一階段製造者得到更多利潤。因為，後者比前者需要更多資本。利潤對資本總保持着一定的比例。

物品製造，越接近於完成，
其價格中工資利潤部分，
和地租部分比較，便越大。

然而，即使在最進步的社會，也有少數商品的價格，只能分為勞動工資及資本利潤兩個部分，且有更少數商品的價格，單由勞動工資構成。例如，海產魚類的價格，通常只有兩個組成部分：其一支付漁夫的勞動，其二支付漁業資本的利潤。有時，在此種價格中也含有地租，但極少見。河上漁業卻往往與海上漁業不同，至少就歐洲大部分來說，它們的情況是截然兩樣的。歐洲的鮭魚業大體上都要支付地租。這種地租，雖嚴格地說不能稱為土地地租，但無疑和工資與利潤一起成為鮭魚價格的構成部分。蘇格蘭某些地方，有少數窮人在海岸拾集通常叫做蘇格蘭瑪瑙的斑色小石。雕石業者付給他們的價格，只是他們的勞動工資，其中沒有地租部分，也沒有利潤部分。

總之，無論甚麼商品的全部價格，最後必由那三個部分或其中一個部分構成。在商品價格中，除去土地的地租以及商品生產、製造乃至搬運所需要的全部勞動的價格外，剩餘的部分必然歸作利潤。

分開來說，每一件商品的價格或交換價值，都由那三個部分全數或其中之一構成；合起來說，構成一國全部勞動年產物的一切商品價格，必然由那三個部分構成，而且作為勞動工資、土地地租或資本利潤，在國內不同居民間分配。社會上年年由勞動採集或生產的全部物品，或者說，它的全部價格，本來就是照這樣分給社會不同成員中某些人的。工資、利潤和地租，是一切收入和一切可交換價值的三個根本源泉。一切其他收入歸根到底都是來自這三種收入中的一種。

不論是誰，只要自己的收入來自自己的資源，他的收入就一定來自他的勞動、資本或土地。來自勞動的收入稱為工資；來自運用資本的收入稱為利潤；有資本不自用，而轉借他人，借以取得收入，這種收入，稱為貨幣的利息或利益。出借人既給借用人以獲取利潤的機會，借用人就需付給利息作為報酬。由借款獲得的利潤，一部分當然屬於冒險投資的借用人，另一部分，則當然屬於使借用人有獲取利潤機會的出借人。利息總是一種派生的收入，借用人只要不是為還債而借債的浪子，那末，他償還利息所用的款項，如果不是來自運用借款而得到的利潤，一定是來自他種收入源泉。完全來自土地的收入，稱為地租，屬於地主。農業家的收入，有一部分得自勞動，另一部分則得自資本。在他看來，土地不過是使他能夠借以獲得勞動工資和資本利潤的工具。一切賦稅，一切以賦稅為來源的收入，一切俸金、恩恤金和各種年金，歸根到底都是來自這三個根本的收入源泉，都直接間接從勞動工

***工資、利潤和地租，
是一切收入和一切可交換價值
的三個根本源泉。***

資、資本利潤或土地地租支出。

這三種不同的收入，當它們屬於各別的個人時，容易區別；但在屬於同一個人時，往往互相混淆，至少按通常說法是如此。

耕種自己一部分土地的鄉紳，在支付耕作費用以後，當然要以地主資格獲得地租，並以農業家資格獲得利潤。可是，他往往把這全部收益籠統地叫做利潤，這樣就把地租和利潤混淆了，至少按通常說法是如此。我國在北美和西印度的種植園主，大部分是在自己的土地上經營農業，因此，我們常聽他們說到種植園的利潤，很少聽人們說到種植園的地租。

假若一個獨立工作的製造業者，擁有足夠的資本來購買原材料並維持生活直到貨物上市，那末，他所獲得的收益便應有兩項：其一，以工人資格領取的工資；其二，以老闆資格從售賣工人出品所獲得的利潤。但他這兩項收益，普通也統稱為利潤。在這場合，工資也和利潤混淆了。

由於在文明國家內，交換價值單由勞動構成的商品極不常見，大部分商品的交換價值，都含有大量的利潤和地租，所以，社會全部勞動年產物所能購買或支配的勞動量，遠遠超過這年產物生產製造乃至運輸所需要的勞動量。

三、論商品的自然價格與市場價格

在每一個社會及其鄰近地區，各種用途的勞動的工資以及各種用途的資本的利潤，都有一種普通率或平均率。這普通率，自然是部分地受社會的一般情況，即貧富、進步退步或停滯狀況的支配，部分受各種用途的特殊性質的支配。同樣，在每一個社會及其鄰近地區，地租也有一個普通率或平均率。這普通率，像我在後面所説那樣，也是部分受土地所在地的社會及其鄰近地區的一般情況的支配，部分受土地的天然肥沃與人工改良的支配。

這些普通率或平均率，可稱為那地方那時候通行的工資自然率、利潤自然率或地租自然率。一種商品價格，如果不多不少恰恰等於生產、製造這商品乃至運送這商品到市場所使用的按自然率支付的地租、工資和利潤，這商品就可以説是按它的自然價格的價格出售的。

商品這樣出賣的價格，恰恰相當於其價值，或者説，恰恰相當於出售這商品的人實際上所花的費用。普通所謂商品原始費用，雖沒有包含再販賣這商品的利潤，但若再販賣者按照不能得到當地一般利潤率的價格把這商品賣掉，那他顯然就會遭受損失。因為，他若把資本投在其他方面，就可以得到

商品通常出賣的實際價格，
叫做它的市場價格。

那筆利潤。況且，他的利潤就是他的收入，也就是他生活資料的正當資源。他在製造商品、把它送往市場去的過程中，要墊付勞動者的工資或生活資料，也要墊付他自身的生活資料。他自身的生活資料，大體上說與他可從出賣商品指望的利潤相當。因此，商品的出賣若不能給他以利潤，那就等於說，他沒有從這商品的出賣取回其實際費用。

能提供這種利潤的價格，雖然未必是一般商人出賣貨物的最低價格，但卻是他在相當長的時期內肯出賣的最低價格，至少在有絕對自由即各人能隨意變更職業的地方，情形是如此。

商品通常出賣的實際價格，叫做它的市場價格。商品的市場價格，有時高於它的自然價格，有時低於它的自然價格，有時和它的自然價格完全相同。

每一個商品的市場價格，都受支配於它的實際供售量，和願支付它的自然價格(或者說願支付它出售前所必須支付的地租、勞動工資和利潤的全部價值)的人的需要量，這二者的比例。願支付商品的自然價格的人，可稱為有效需求者，而他們的需求，可稱為有效需求。因為，這種需求也許使商品的出售得以實現。此種需求與絕對需求不同。一個貧民在某種意義上也許可以說他有一輛六馬拉大馬車的需求，他這種需求並不是有效需求，因為那馬車絕不是為要滿足他的這種需要而送往市場出售的。

市場上任何一個商品的供售量，如果不夠滿足這商品的有效需求，那些願支付這商品出售前所必須支付的地租、勞動工資和利潤的全部價值的人，就不能得到他們所需要的數量的供給。他們當中有些人，不願得不到這種商品，寧願支付較大的價格。於是競爭便在需求者中間發生。而市場價格便或多或少地上升到自然價格之上。價格上升程度的大小，要看貨品的缺乏程度及競爭者富有程度和浪費程度所引起的競爭熱烈程度的大小。但在同樣富有和同樣奢侈的競爭者間，缺乏程度所能引起的競爭程度的大小，卻要看這商品對求購者的重要性的大小。所以，在都市被封鎖或發生饑饉場合，生活必需品的價格總是非常昂貴。

反之，如果市場上這種商品的供售量超過了它的有效需求，這商品就不能全部賣給那些願支付這商品出售前所必須支付的地租、勞動工資和利潤的全部價值的人，其中一部分必須售給出價較低的人。這一部分價格的低落，必使全體價格隨着低落。這樣，它的市場價格，便或多或少地降到自然價格以下。下降程度的大小，要看超過額是怎樣加劇賣方的競爭，或者說，要看賣方是怎樣急於要把

***每種商品的上市量
自然會使自己適合於有效需求。***

商品賣出。超過程度儘管相同，易腐敗的商品輸入過多比耐久性商品輸入過多能引起賣方更大的競爭。例如，柑橘輸入過多就比舊式鐵器輸入過多能引起賣方更大的競爭。

如果市場上這種商品量不多不少，恰夠供給它的有效需求，市場價格便和自然價格完全相同，或大致相同。所以，這全部商品量都能以自然價格售出，而不能以更高價格售出。各商人之間的競爭使他們都得接受這價格，但不使他們接受更低的價格。

每種商品的上市量自然會使自己適合於有效需求。因為，商品量不超過有效需求，對所有使用土地、勞動或資本而以商品供應市場者有利；商品量不少於有效需求對其他一切人有利。

如果市場上商品量一旦超過它的有效需求，那末它的價格的某些組成部分必定會降到自然率以下。如果下降部分為地租，地主的利害關係立刻會促使他們撤回一部分土地；如果下降部分為工資或利潤，勞動者或僱主的利害關係也會促使他們把勞動或資本由原用途撤回一部分。於是，市場上商品量不久就會恰好足夠供應它的有效需求，價格中一切組成部分不久就都升到它們的自然水平，而全部價格又與自然價格一致。

反之，如果市場上商品量不夠供應它的有效需求，那末它的價格的某些組成部分必定會上升到自然率以上。如果上升部分為地租，則一切其他地主的利害關係自然會促使他們準備更多土地來生產這種商品；如果上升部分是工資或利潤，則一切其他勞動者或商人的利害關係也會馬上促使他們使用更多的勞動或資本，來製造這種商品送往市場。於是，市場上商品量不久就充分供應它的有效需求，價格中一切組成部分不久都下降到它們的自然水平，而全部價格又與自然價格一致。

這樣，自然價格可以說是中心價格，一切商品價格都不斷受其吸引。各種意外的事件，固然有時會把商品價格抬高到這中心價格之上，有時會把商品價格強抑到這中心價格以下。可是，儘管有各種障礙使得商品價格不能固定在這恆固的中心，但商品價格時時刻刻都向着這個中心。

為使一種商品上市每年所使用的全部勞動量，自然會依着這個方式使自己適合於有效需求。其目的當然在於始終把適當商品量提供市場，使供給足夠適應需求，而不超過需求。

商品市價偶然和一時的變動，主要對價格中工資部分和利潤部分發生影響，而對其中地租部分則影響不大。用貨幣確定了的地租，無論就比率說或

自然價格可以說是中心價格，
一切商品價格都不斷受其吸引。

就價值說，絕不受其影響。

這些偶然和一時的變動，要看當時市場上積存的商品或勞動是過多還是不足，換言之，要看當時市場上既成作業或待成作業是過多還是不足，而對工資或利潤的價值和比率發生影響。在國喪的場合，黑布存貨往往感到不足，以致市價騰貴，因而持有多量這種商品的商人的利潤便增加了。可是，所增加的僅是商人的利潤，織布工人的工資卻毫不受影響。因為這時市場上感到不足的是商品，不是勞動，換言之，是既成作業，不是待成作業。不過，國喪雖不能影響織工們的工資，卻會抬高縫工們的工資。因為，在這場合，感到不足的是勞動，對於勞動，換言之，對於待成的作業，有效需求便大於現有供給量。國喪減低了花彩絲綢和棉布的價格，從而減低了持有多量花彩絲綢和棉布的商人的利潤，以及精製這些商品的勞動者的工資。因為這時候，對於這些商品和生產這些商品的勞動者的需要，都不免要停頓半年甚或一年。於是，這類商品與這類勞動都供過於求。

各種商品的市場價格，雖可說有不斷地趨向自然價格的趨勢，但有許多商品，有時由於特殊的意外事故，有時由於天然的原因，有時又由於特殊政策的規定，其市場價格能在相當長時期內大大超過其自然價格。

當某一商品因有效需求增加而市價比自然價格高得多的時候，這商品的供給者大抵都小心翼翼地隱瞞這種變化情況。

製造業方面的秘密，比商業方面的秘密，能保守得長久些。一個染業者，如果發現了一種製造染料的方法，其所費僅及通常方法的一半，而他又能妥善處理，他就能終生獨享這發現的利益，甚至能把它傳給子孫。這種額外利得是來自他個人勞動的高價格，所以可適當地說是他個人勞動的高工資，但因為他資本每一部分一再得到這種利得，而且他的利得總額與其資本總額保有一定比例，所以，通常都不說它是勞動的高工資，而說它是資本的額外利潤。

市價的這種增加，顯然是起因於特殊的偶發事件，不過它的作用有時能夠持續多年。

有些自然產物的產出，需要一種特殊土壤與特殊位置，以致一個大國中適於生產這些產物的土地即使全被使用，怕仍不夠供應有效需求。因此，這種產物的全部上市量有可能售給那些願支付特別價格的人，就是說，他們所支付的價格超過按自然率計算，足夠支付生產它們的土地的地租，以及產製和運銷所用的勞動的工資和資本的利潤的價格。這

製造業方面的秘密，
比商業方面的秘密，
能保守得長久些。

種商品可連續數世紀按這種高價出售。

市價的這種增加，顯然是起因於天然的原因。這種原因會使有效需求不能取得充分的供給，而它的作用，因此將永遠繼續下去。

給個人或商業公司以壟斷權，其作用與商業或製造業中保守秘密相同。壟斷者使市場存貨經常不足，從而使有效需求永遠不能得到充分供給。這樣，他們就能以大大超過自然價格的市價出賣他們的商品，而他們的報酬，無論是工資或是利潤，都大大超過其自然率。

壟斷價格，在各個時期，都是可能得到的最高價格。反之，自然價格或自由競爭的價格，雖不是在各個時期，但在長期間內，卻是可能有的最低價格。壟斷價格，在各個時期，都是能向買者榨取的最高價格，或者是想像中買者願支付的最高價格，而自然價格或自由競爭的價格，卻是賣者一般能接受的最低價格，也就是他能夠繼續營業的最低價格。

同業組合的排他的特權、學徒法規，以及限制特殊職業上競爭人數的各種法規，雖然在程度上不及壟斷，但在趨向上卻與壟斷相同。它們是一種擴大的壟斷，往往使某些產業所有商品的市價能長久超過自然價格，並使生產這些商品所使用的勞動的工資和資本的利潤稍稍超過其自然率。

市價的這種增加，顯然是起因於各種法規的規定。只要這種種法規繼續有效，市價的這種增加就會繼續存在。

任何一個商品的市價雖能長期高於其自然價格，但不能長期低於其自然價格。價格中任何一個組成部分要是低於自然率，其利益受到影響的人立刻就會感覺到這種損失，立刻就會從使用中撤回一部分土地或勞動或資本，使上市的商品量，恰恰只夠供應有效需求。因此，市價不久便將升到自然價格的水平。至少在有完全自由的地方情況是這樣。

在製造業繁榮時，學徒法規與其他各種法規，雖能使勞動者的工資抬高到自然率以上，但一旦製造業衰微，卻使勞動者的工資降落到自然率以下。因為，這些法規，在前一場合，妨礙他人進入他們的職業，在後一場合，妨礙他們改就許多別種職業。

---

① 這裏所説的“勞動”，與“工資”同義。斯密常把這兩個名詞混起來用。——譯者

第三章　論勞動生產物的分配

自然價格本身隨其組成部分即工資、利潤和地租的自然率的變動而變動。但無論在甚麼社會，這種自然率都隨着社會的貧富、進步退步或停滯而變動。

第一，我要努力説明，甚麼情況自然而然地決定工資率，而這些情況，又怎樣受社會的貧富、進步退步或停滯的影響。

第二，我要努力説明，甚麼情況自然而然地決定利潤率，而這些情況，又怎樣受上述社會狀況的變動的影響。

第三，我要努力説明，甚麼情況支配下面要説的比例。貨幣工資與貨幣利潤雖因勞動及資本的用途不同而大不相同，但各種勞動用途的貨幣工資和各種資本用途的貨幣利潤似乎都有一定的比例。這種比例部分取決於各種用途的性質，部分取決於所在社會的不同法律和政策。不過，這種比例，雖在許多方面受法律和政策的支配，但似乎不受所在社會貧富、進步退步或停滯等狀況的影響，而在所有這些不同狀況中保持不變，或幾乎不變。

第四，我要努力説明，甚麼情況支配土地地租，並使一切土地生產物的真實價格或是上升或是下降。

一、論勞動工資

勞動生產物構成勞動的自然報酬或自然工資。

在土地尚未私有而資本尚未累積的原始社會狀態下，勞動的全部生產物屬於勞動者，既無地主也無僱主來同他分享。

這種狀態如果繼續下去，勞動工資將隨着分工所引起的勞動生產力的增大而增加起來。但一切物品卻將日漸低廉，因為生產它們所需要的勞動量變小了。在這種狀態下，等量勞動所生產的各種商品自然可以互相交換，所以，要購買各種商品，只需較少數量的勞動生產物。

但勞動者獨享全部勞動生產物的這種原始狀態，一到有了土地私有和資本累積，就宣告終結了。所以，在勞動生產力尚未有顯著改善以前，這種原始狀態早已不復存在了；要就此種狀態對勞動報酬或勞動工資所可能有的影響作進一步的探討，那是徒勞無功的。

土地一旦成為私有財產，地主就要求勞動者從土地生產出來或採集到的幾乎所有物品中分給他一定份額。因此，地主的地租，便成為要從用在土地上的勞動的生產物中扣除的第一個項目。

勞動生產物
構成勞動的自然報酬或自然工資。

一般耕作者大都沒有維持生活到莊稼收割的資料。他們的生活費通常是由僱用他們的農業家從他的資本項下墊付的。除非他能分享勞動者的生產物，換言之，除非他在收回資本時得到相當的利潤，否則他就不願僱用勞動者。因此，利潤成為要從用在土地上的勞動的生產物中扣除的第二個項目。

其實，利潤的扣除，不僅農業生產物為然，一切其他勞動的生產物亦莫不如是。在一切工藝或製造業中，大部分勞動者在作業完成以前都需要僱主給他們墊付原材料、工資與生活費。僱主分享他們的勞動生產物，換言之，分享勞動對原材料所增加的價值，而這一分享的份額便是他的利潤。

一個獨立工作的工人，有時也有資力，足以自行購買原材料，並維持自己生活，一直到作業完成。他兼有勞動者及僱主的身分，享有全部勞動生產物，即享有勞動所加於原材料的全部價值。因此，他的利得包含通常屬於兩個不同身分的人所有的兩種不同收入，即資本利潤與勞動工資。勞動工資一語，都普遍理解為，在勞動者為一人而僱用他的資本所有者另為一人的一般情況下，勞動獲得的工資。

勞動者的普通工資，到處都取決於勞資兩方所訂的契約。這兩方的利害關係絕不一致。勞動者盼望多得，僱主盼望少給。勞動者都想為提高工資而結合，僱主卻想為減低工資而聯合。

在爭議當中，僱主總比勞動者較能持久。地主、農業家、製造者或商人，縱使不僱用一個勞動者，亦往往能靠既經蓄得的資本維持一兩年生活；失業勞動者，能支持一個星期生活的已不多見，能支持一個月的更少，能支持一年的簡直沒有。就長時期說，僱主需要勞動者的程度，也許和勞動者需要僱主的程度相同，但僱主的需要沒有勞動者那樣迫切。

不過，在爭議中，僱主雖常居於有利地位，但勞動工資有一定的標準，在相當長的期間內，即使最低級勞動者的普通工資，似也不能減到這一定標準之下。

需要靠勞動過活的人，其工資至少須足夠維持其生活。在大多數場合，工資還得稍稍超過足夠維持生活的程度，否則勞動者就不能贍養家室而傳宗接代了。

可是，有某些情況，有時也使勞動者立於有利地位，並使他們能夠得到大大超過上述工資的工資。很明顯，上述工資是符合一般人道標準的最低工資。

不論何國，如果對那些靠工資過活的人，即工人、散工、各種傭人等的需求不斷地增加，換言之，如果每年提供的就業機會都比前一年多，勞動者就沒有為着提高工資而結合的必要。勞動者不夠，自會導致僱主間的競爭；僱主們競相出高價僱用勞動者，這樣他們就自動衝破了防止工資提高的自然結合。

很明顯，對工資勞動者的需求，必定隨着預定用來支付勞動工資的資金的增加而成比例地增加。這種資金有兩種：一，超過維持生活需要的收入；二，超過僱主自己使用需要的資財。

使勞動工資增加的，不是龐大的現有國民財富，而是不斷增加的國民財富。因此最高的勞動工資不在最富裕的國家出現，而卻在最繁榮，即最快變得富裕的國家出現。今日英格蘭確比北美各地富裕，然北美各地的勞動工資卻比英格蘭各地高。紐約地方，普通勞動者一日的工資為美幣三先令六便士，合英幣二先令。

所以勞動報酬優厚，是國民財富增進的必然結果，同時又是國民財富增進的自然徵候。反之，貧窮勞動者生活維持費不足，是社會停滯不進的徵候，而勞動者處於飢餓狀態，乃是社會急速退步的徵候。

現世紀，勞動的真實報酬，即勞動使勞動者得到的生活必需品和便利品的真實數量的增加，可能在比例上大於勞動貨幣價格的增加。不僅穀物的價格，比從前稍稍低廉，而且那些成為貧窮勞動者適意和衛生食料的許多其他東西的價格，也大大跌落。例如，現今王國大多數地方馬鈴薯價格，只有三、四十年前的一半。一切蔬果，也變得低廉。麻布製造和呢絨製造的大改良，給勞動者提供了質更好價更廉的衣服。賤金屬製造的大改良，不僅給勞動者提供了更精良的職業用具，而且提供了許多快意的和便利的傢具。使我們確信，勞動的貨幣價格與其真實價格增加了。

社會最大部分成員境遇的改善，決不能視為對社會全體不利。有大部分成員陷於貧困悲慘狀態的社會，決不能說是繁榮幸福的社會。而且，供給社會全體以衣食住的人，在自身勞動生產物中，分享一部分，使自己得到過得去的衣食住條件，才算是公正。

貧困雖不能阻止生育，但極不利於子女的撫養。柔嫩植物長出來了，但在土地寒冽和氣候嚴酷的環境中，不久就枯死。我常聽說，蘇格蘭高地常有一母產子二十個而活的只有一個實例。有些地方生出來的兒童，在四歲前，死去一半；有許多地

充足的勞動報酬，
既是財富增加的結果，
又是人口增加的原因。

方，在七歲前死去一半；在九、十歲前死去一半，幾乎是一種普遍現象。這樣大的死亡率，在各地方的下等人民間都可看到。

豐厚的勞動報酬，由於它使勞動者能夠改善他們兒童的給養，從而使他們能夠養大較多的兒童，也必然盡可能和勞動需求所需要的程度相稱。如果勞動需要繼續增加，勞動報酬必然鼓勵勞動者結婚和增殖，使他們能夠不斷增加人口，來供給不斷增加的勞動需求。甚麼時候，要是勞動報酬不夠鼓勵人口增殖，勞動者的缺乏不久就會抬高勞動的報酬。甚麼時候，要是勞動報酬過分鼓勵人口增殖，勞動者的過多不久就使勞動的報酬減到其應有的程度。在前一場合，市場上的勞動供給，如此不足，在後一場合，市場上的勞動供給，又如此過剩，結果都迫使勞動價格，不久又回到社會所需要有的適當程度。因此，像對其他商品的需求必然支配其他商品的生產一樣，對人口的需求也必然支配人口的生產。生產過於遲緩，則加以促進；生產過於迅速，則加以抑制。

所以，充足的勞動報酬，既是財富增加的結果，又是人口增加的原因。對充足的勞動報酬發出怨言，就是對最大公共繁榮的必然結果與原因發出悲嘆。

也許值得指出，不是在社會達到絕頂富裕的時候，而是在社會處於進步狀態並日益富裕的時候，貧窮勞動者，即大多數人民，似乎最幸福、最安樂。在社會靜止狀態下，境遇是艱難的；在社會退步狀態下，境遇是困苦的。進步狀態是社會各階級快樂旺盛的狀態。靜止狀態是呆滯的狀態，而退步狀態則是悲慘的狀態。

充足的勞動報酬，鼓勵普通人民增殖，因而鼓勵他們勤勉。勞動工資，是勤勉的獎勵。勤勉像人類其他品質一樣，越受獎勵越發勤奮。豐富的生活資料，使勞動者體力增進，而生活改善和晚景優裕的愉快希望，使他們益加努力。所以，高工資地方的勞動者，總是比低工資地方的勞動者活潑、勤勉和敏捷。例如，英格蘭勞動者比蘇格蘭勞動者強；大都會附近的勞動者比僻遠農村的勞動者強。

勞動工資的增加，必然按照價格中工資那一部分增高的比例，抬高許多商品的價格，並按照價格增高的比例，減少國內外這些商品的消費。但是，使勞動工資增加的原因，即資本的增加，卻會增加勞動生產力，使較少的勞動生產較多的產品。僱用很多勞動者的資本家，為自己的利益打算，勢必妥當分配他們的業務，使他們生產盡可能多的產品。由於同一原因，他力圖把他和他的工人所能想到的

在社會靜止狀態下，境遇是艱難的；
在社會退步狀態下，境遇是困苦的。

最好機械供給他們。在某一特殊工廠內勞動者間發生的事實，由於同一理由，也在大社會的勞動者間發生。勞動者的人數越多，他們的分工當然就越精密。更多人從事於發明對各人操作最適用的機械，所以這種機械就容易發明出來。由於有了這些改良機械，許多物品能用比從前少得多的勞動生產出來。這樣，勞動量的減少，就不只抵償勞動價格的增加。

二、論資本利潤

資本利潤的增減與勞動工資的增減，同樣取決於社會財富的增減。但財富狀態對兩者的影響卻大不相同。

資本的增加，提高了工資，因而傾向於減低利潤。在同一行業中，如有許多富商投下了資本，他們的相互競爭，自然傾向於減低這一行業的利潤；同一社會各種行業的資本，如果全都同樣增加了，那末同樣的競爭必對所有行業產生同樣的結果。

前面已經說過，即使要確定某一特定地方和某一特定時間的勞動的平均工資，也不容易。而且，所能確定的，只不過是最普通的工資。但就資本利潤來說，就連最普通的利潤，我們也很少能夠確定。利潤極易變動，經營某特定行業的人，未必都能夠說出他每年平均利潤是多少。他的利潤，不但要受他所經營的那些商品價格的變動的影響，而且要受他的競爭者和顧客運氣的好壞、商品在海陸運輸上甚或在倉庫內所可能遭遇的許許多多意外事故的影響。所以，利潤率不僅年年變動，日日變動，甚至時時刻刻都在變動。要確定一個大國內各行業的平均利潤，必然更加困難；至於要相當準確地確定從前或現今的利潤，那必定是完全不可能的了。

不過，我們要相當準確地確定往昔或現今的資本平均利潤，雖不可能，但我們可從貨幣的利息上略知其梗概。可以提出這樣一個原則：在使用貨幣所獲較多的地方，對於貨幣的使用，通常支付較多的報酬；在使用貨幣所獲較少的地方，對於貨幣的使用，通常支付較少的報酬。我們由此確信，一國內資本的一般利潤，必定隨着其市場的一般利息率的變動而變動。利息率下落，利潤必隨着下落；利息率上升，利潤必隨着上升。所以，利息的變動情況，可使我們略知利潤的變動情況。

亨利八世第三十七年以法令宣佈，一切利息不得超過百分之十。可見，以前的利息有的時候是在百分之十以上。此後，百分之十常為法定利息率，直到詹姆士一世第二十一年，才把它限定為百分之八。復辟後不久，利息率減為百分之六。安妮女王

***在大都市經營一種行業，
往往比鄉村需要更多的資本。***

第十二年，再減至百分之五。這一切法律的規定，看來極其適當。它們都是在市場利息率即有良好信用的人通常借款的利息率變動之後作出的，並不是走在前頭。自安妮女王時代以來，百分之五的利息率，似乎比市場利息率高，而不是比它低。在晚近戰爭以前，政府曾以百分之三的利息率借款，而王國首都及其他許多地方，有良好信用的人則以百分之三點五、百分之四、百分之四點五等利息率借款。

我國自亨利八世以來，財富與收入都在不斷增加，而且在進展過程中，其速度似乎是逐漸增加，而不是減少。不僅日在進步，而且進步得越來越快。這期間的勞動工資不斷增加，而大部分工商業的資本利潤卻在減少。

在大都市經營一種行業，往往比鄉村需要更多的資本。各種行業上所使用的資本的龐大和富裕的競爭者人數的眾多，乃是都市資本利潤率一般低於農村資本利潤率的原因。但是，都市的勞動工資，一般都比農村高。在繁榮的都市，擁有大量生產資本的人，往往不能按他們所需要的人數僱到勞動者，所以他們互相競爭，這樣就抬高勞動工資而減低資本利潤。在沒有充分資本來僱用全體勞動者的偏僻地方，一般人民為獲得職業而相互競爭，於是勞動工資降落，而資本利潤增高。

法國的法定利息率一般比英國低，而市場利息率卻一般比英國高。這是因為法國，像其他國家一樣，有了很安全和很容易的迴避法律的方法。據在英法兩國經商的英國商人說，法國的商業利潤比英國高；正由於這個原因，許多英國人不想把資本投在重商的本國，卻願投在輕商的法國。法國的工資比英國低。

反之，就領土面積及人口的比例說，荷蘭比英格蘭富裕。荷蘭政府以百分之二的利息率借款，而有良好信用的人民以百分之三的利息率借款。據說，荷蘭的勞動工資比英格蘭高。大家又都知道，荷蘭人經營生意所獲利潤，比歐洲其他任何國人都低。有些人說，現今荷蘭的商業正在衰退。就商業的某些部門說，也許確是如此。但上面所說的徵候似可表明，利潤減少，乃是商業繁盛的自然結果，或是所投資本比以前更多的自然結果。在晚近英法戰爭中，荷蘭人乘機獲得了法國全部運輸業務，而且直到現今，還有一部分操在荷蘭人手中。英法的國債，成為荷蘭人一宗大財產。此外，荷蘭人還把巨額資金貸給較本國利息率為高的外國的私人。這些事實，無疑表示他們資本的過剩，或者說，他們的資本已增加到投在本國適當生產上不能得相當利

一國法律上的缺陷，
有時會使其利息率增高到
大大超過它的貧富狀況所需要的程度。

潤的程度，但不表示商業衰退。由經營特定行業而獲得的私人資本，雖增加到不能盡行投在這一行業上的程度，但這一行業仍繼續增進；大國的資本也可能有這種情況。

在我國北美及西印度的殖民地，勞動工資、貨幣利息以及資本利潤，都比英格蘭高。各殖民地的法定利息率和市場利息率，是百分之六到百分之八。不過，勞動的高工資和資本的高利潤同時存在，是新殖民地特殊情況所特有的現象，在新殖民地中，資本對領土面積的比例以及人口對資本的比例，在一定期間內必定比大多數國家低。他們所有的土地，多於他們資本所能耕作的土地，所以，他們只把資本投在土質最肥沃和位置最適宜的土地上，即投在海濱和可航行河流沿岸各地。此外，購買這等土地的價格，往往低於其自然生產物的價值。為購買並改良這等土地而投下的資本，必須產生極大的利潤，因而使他們能夠支付非常高的利息。投在這種有利用途上的資本迅速積累，使種植園所有者能僱用的工人數量，很快增加到新殖民地不能供應的程度。這樣，他們能在新殖民地僱到的勞動者的報酬，便極其優裕。

一國法律上的缺陷，有時會使其利息率增高到大大超過它的貧富狀況所需要的程度。它的法律如果不強制人們履行契約，出借人收回借款的不確定性，就使他索取破產者在借款時通常需要付出的那麼高的利息。

要是法規完全禁止利息，那也不能收到效果。許多人必須借入資金；而出借人，不僅對於這筆資金的使用，要求相當的報酬，而且對於迴避法律的困難和危險，也要求相當的補償。孟德斯鳩說，一切回教國利息率之所以高，並不是因為他們貧窮，而是部分因為法律禁止利息，部分因為貸金難於收回。

最低的普通利潤率，除了足夠補償投資容易遇到的意外損失以外，還須有剩餘。只有這一剩餘才是純利潤或淨利潤。普通所謂總利潤，除了包含這種剩餘以外，還包含為補償意外損失而保留的部分。借款人所能支付的利息，只與純利潤成比例。

出借資金，即使相當謹慎，亦有受意外損失的可能。所以，最低的普通利息率，和最低的普通利潤率一樣，除了補償貸借容易遇到的意外損失外，還須有剩餘。如果無此剩餘，那末出借資金的動機，就只能是慈善心或友情了。

通常市場利息率對普通純利潤率所應有的比例，必隨利潤升落而變動。英國商人把相當於兩倍利息的利潤，看做適中合理的利潤。我想，這所謂

出借資金，即使相當謹慎，亦有受意外損失的可能。

適中合理的利潤，不外就是普通利潤。在普通純利潤率為百分之八或百分之十的國家，借用資金來經營業務的人，以所得利潤之半作為利息，也許是合理的。資本由借用人擔負風險，他好像給出借人保險；在大部分行業，百分之四或百分之五，既可作為這種保險所冒風險的足夠補償，亦可作為不辭辛苦運用這筆資本的足夠報酬。可是，在普通利潤率低得多或高得多的國家，就不可能有像上述那樣的利息和純利潤的比例。利潤率低得多時，也許不能以一半作為利息；利潤率高得多時，就可以一半以上作為利息。

財富迅速增加的國家，可在許多商品的價格上，以低的利潤彌補高的勞動工資，這樣它們的商品，就能與繁榮程度較低而勞動工資較低的鄰國的商品以同樣低廉的價格出售。

實際上，高利潤抬高生產物價格的傾向，比高工資大得多。例如，麻布製造廠各種勞動者，如梳麻工、紡工、織工等的工資，如果每日各提高二便士，那末麻布一匹價格所必須增加的數額，只等於生產這一匹麻布所僱的工作人數，乘以他們生產這一匹麻布的工作日數，再乘以二便士。商品價格中歸於工資的那一部分，在一切製造階段，按算術級數遞次增加。但僱用這些工人的所有僱主的利潤，如果都抬高百分之五，那末，商品價格中歸於利潤的那一部分，在一切製造階段，就按幾何級數遞次增加。就是說，梳麻工的僱主在賣麻時，要求他所墊付的材料和工人工資的全部價值，另外加上百分之五。同樣，紡工的僱主，也要求他所墊付的麻價和紡工工資的全部價值，另外加上百分之五。推而至於織工的僱主，也同樣要求另外加上百分之五。所以，工資增加對商品價格抬高的作用，恰如單利對債額累積的作用。利潤增高的作用，卻像複利一樣。我國商人和製造者，對於高工資提高物價、從而減少國內外銷路的惡果，大發牢騷；但對於高利潤的惡果，他們卻隻字不談。關於由自己得利而產生的惡果，他們保持沉默。他們只對由他人得利而產生的惡果，大喊大叫。

三、論工資與利潤隨勞動與資本用途的不同而不同

在同一地方內，假若某一用途，明顯地比其他用途更有利或更不利，就會有許多人離去比較不利的用途，而擠進比較有利的用途。這樣，這種用途的利益，不久便再和其他各種用途相等。至少，在各事物都聽任其自然發展的社會，即在一切都聽其自由，各個人都能自由選擇自己認為適當的職業，並能隨時自由改業的社會，情況確是如此。各人的

勞動工資因業務有難易、有污潔、有尊卑而不相同。

利害關係必然會促使他尋求有利的用途，避開不利的用途。

誠然，歐洲各地的貨幣工資及貨幣利潤，都隨勞動和資本用途的不同而大不相同，但這種不相同，部分起因於各種用途的本身情況，部分因為歐洲各國的政策都不讓事物完全自由地發展。

〔現〕分別討論那些情況及那種政策。

(一) 起因於職業本身性質的不均等

就我所能觀察到的說，有以下五種主要情況，一方面對某些職業的微薄金錢報酬給予補償，另一方面又對另一些職業的優厚金錢報酬加以抵銷：第一，職業本身有愉快的有不愉快的；第二，職業學習有難有易，學費有多有少；第三，工作有安定的有不安定的；第四，職業所須擔負的責任有重有輕；第五，成功的可能性有大有小。

第一，勞動工資因業務有難易、有污潔、有尊卑而不相同。例如，大多數地方，就整年計算，縫工的所得較織工為少，這是因為縫工的工作較為容易。織工的所得較鐵匠為少，這是因為織工的工作清潔得多。鐵匠雖是一種技工，但十二小時工作所得，往往不及一個普通煤礦工八小時工作所得，這是因為鐵匠的工作，不像煤礦工那麼污穢危險，而且他是在地面上日光下工作。對於一切尊貴職業，榮譽可以說是報酬的大部分。反之，在卑賤的職業上，情形正相反。屠戶的職業既粗蠻又討厭，但在許多地方，他們的得利比大部分其他普通職業多。

第二，勞動工資，因業務學習有難易、學費有多寡而不相同。

設置高價機器，必然期望這機器在磨毀以前所成就的特殊作業可以收回投下的資本，並至少獲得普通的利潤。一種費去許多工夫和時間才學會的需要特殊技巧和熟練的職業，可以說等於一台高價機器。學會這種職業的人，在從事工作的時候，必然期望，除獲得普通勞動工資外，還收回全部學費，並至少取得普通利潤。而且，考慮到人的壽命長短極不確定，所以還必須在適當期間內做到這一點，正如考慮到機器的比較確定的壽命，必須於適當期間內收回成本和取得利潤那樣。熟練勞動工資和一般勞動工資之間的差異，就基於這個原則。

歐洲各國的政策都把機械師、技工和製造師的勞動看做熟練勞動，而把一切農村勞動者的勞動看做普通勞動。這種政策似乎認為，前者的勞動比後者的勞動在性質上更細致更巧妙。所以，歐洲各國的法律習俗，為使某人有從事前一種勞動的資格，都要求他先作學徒，而對於後一種勞動，全聽人自由，不加限制。在作學徒期內，學徒的全部勞動都歸師傅所有。學徒的生活費，在許多場合，還是仰給於父母或親戚，至於衣服，幾乎都是由父母或親戚備辦。依照普通習慣，學徒還須給師傅若干學費。不能給付金錢的學徒就要給付時間，換言之，要做比一般年限長的學徒。因此，歐洲各國的機械師、技工和製造師的工資，論理要稍稍高於普通勞動者的工資，而且實際上也是如此。這種情形，使他們成為高人一等的人。由於他們的工作，比較經常均一，所以全年總計所得也許多些。但是，很明顯，這也不過僅足以補償他們受教育時所多花的費用而已。

精巧藝術和自由職業的學習需要更長時間和更多費用。所以，畫家和雕刻家、律師和醫生的貨幣報酬當然要大得多，實際上也是如此。

但資本利潤，卻不大受使用資本的那一行業學習難易的影響。大都市通常所用的各種投資方法，就學習難易的程度來說，似乎完全相等。國內或國外貿易的一部門業務，大抵不比另一部分業務繁難得多。

第三，各種職業的勞動工資因業務安定不安定而不相同。

有些職業比其他職業安定得多。大部分製造業工匠，要是能夠勞作，一年中幾乎每日都有工作。反之，泥水匠或磚匠在酷寒或天氣險惡時便完全沒有工作。而且，即使在天氣好的時候，他們工作的有無仍須取決於顧客的臨時要求。以此之故，他們可能常常沒有工作。他們在被僱時所得，不僅要足夠維持他們無工作時期的生計，而且對於他在不安定境遇中不時感到的焦慮和沮喪的痛苦亦須給與若干補償。所以，大部分製造業工人所得，推算起來和普通勞動者的工資幾乎相等，但泥水匠和磚匠所得卻大抵有普通勞動工資的一倍半乃至兩倍。

如果除工作不穩定外，還加上艱苦、不愉快和不清潔，那末，即使這種工作是最普通的勞動，那些情況有時也使其工資上升到超過最熟練技工的工資。按件計資的煤礦工，在紐卡斯爾，一般可得到約二倍於普通勞動的工資。倫敦運煤工人由於炭船難免不定期到達，所以大部分運煤工人的工作，必定是很不固定的。以此之故，煤礦工如果通常得到二倍三倍於普通勞動的工資，那末，運煤工人有時得到四倍、五倍於普通勞動的工資，似乎不應該認為是不合理的。

至於任何行業的資本的普通利潤，都不可能受資本用途的固定或不固定的影響。資本是否固定地使用，不取決於行業，而取決於經營行業的人。

各種職業的勞動工資，
隨取得資格可能性的大小而不相同。

第四，勞動的工資，因勞動者所須負擔的責任的大小而不相同。

各地方金匠和寶石匠的工資，不僅比需要同樣技巧的許多其他勞動者高，而且比需要更大技巧的許多其他勞動者高。這是因為有貴重的材料付託給他們。

我們把身體的健康委託於醫生；把財產，有時甚至把生命和名譽委託於律師或辯護士。所以他們得到的報酬必須使他們能夠保持這重大託付所需要有的社會地位。他們必須保持的社會地位，和他們必須受的長期教育與必須花的巨額費用，勢必使他們的勞動價格更加增高。

如果一個人僅僅使用自己的資本經營生意，他就沒受到甚麼委託。至於他能否由他人處取得信用，不取決於他所經營的行業的性質，而取決於他人對他的財產、正直和智慮的意見是怎樣。因此，不同行業中不同的利潤率，不可能起因於經營各行業者所受到的不同程度的委託。

第五，各種職業的勞動工資，隨取得資格(success)可能性的大小而不相同。

各個學習職業的人能否勝任所學的職業，此可能性的大小，因職業不同而大不相同。就大部分機械職業說，成功幾乎都是有把握的，但就自由職業說，卻是很沒有把握的。就成功者一人而不成功者二十人的職業說，這成功的一人，應享有不成功二十人應得而不能得的全部。所以，大概要到將近四十歲時才能從職業取得一些收益的律師，其所得報酬應不僅足以補償他自己為受教育所花的那麼多時間和那麼大費用，而且足以補償那些全無所得的二十多人的教育時間與費用。儘管律師所收的費用有時顯得過高，但他的真正報酬必不止此。

各種資本用途的普通利潤率，或多或少地隨收益的確定與不確定而不同。一般地說，國內商業的收益，不像國外貿易那麼不確定，而國外貿易的一些部門，又不像另一些部門那麼不確定。例如，對北美貿易的收益，不像對牙買加貿易的收益那麼不確定。普通利潤率，雖隨危險程度的增加而有若干增加，但增加的程度和相應的危險程度似乎不成比例。換句話說，增加的利潤不一定能完全抵償危險。破產在最危險職業上最常見。最危險的事業要算秘密輸入。在冒險成功的場合，其得利固厚，但這種冒險無可避免地導致破產。

因此，使勞動工資各不相同的五種情況，只有兩種影響到資本利潤，那就是工作是愉快還是不愉快，是安全還是危險。就愉快或不愉快來說，大多數不同資本用途，都相差不遠，或者全無差別，但

在冒險成功的場合，
其得利固厚，
但這種冒險無可避免地導致破產。

在各種不同的勞動用途，卻存在着很大的差異。而且，資本的普通利潤，雖隨危險程度增加而增加，但增加的程度未必和危險程度都成比例。由此可見，在同一社會或其附近地方，各種資本用途的平均或普通利潤率，比各種勞動的貨幣工資更接近於一個水平。

在海口小市鎮上，資本百鎊的小雜貨商人，能獲得百分之四十或五十的利潤，而同地的擁有資本萬鎊的大批發商人，卻很少能夠獲得百分之八或百分之十的利潤。他所經營的雜貨業，對該地居民的便利説，也許是必要的，而狹小的市場不允許更大資本投在這種營業上。可是，那小雜貨商人，須靠此過活，並過着和經營這業務所必須有的各種資格相稱的生活。

零售商表面上的利潤與批發商表面上的利潤之間的差異，在都市比在小市鎮及農村小得多。

零售商及批發商的資本利潤，雖在都市一般比小市鎮和農村小，但以小資本開始經營而發大財的人，在都市常可看到，而在小市鎮和農村卻幾無一人。在小市鎮和農村，由於市場狹隘，營業未必都隨資本的增加而擴大，所以，在這些地方，個別商人的利潤率雖很高，利潤的總額卻不很大，而他們年年的蓄積額也有限。反之，大城市的營業，能隨資本的增加而擴大，而勤儉商人的信用，增加得比其資本增加快得多。這樣，他的營業隨他的信用及資本這兩者的增大而擴張；他的利潤總額隨他的營業的擴張而增加；他每年所積累的資金也隨他利潤總額的增加而加大。

(二) 起因於歐洲政策的不均等

歐洲政策主要是依以下三種方式促成這樣的不均等的：

第一，歐洲的政策，由於限制一些職業上的競爭人數，使願加入者不能加入，所以使勞動和資本用途所有利害 (advantages and disadvantages) 有了非常大的不均等。

同業組合的排外特權，是歐洲政策限制職業競爭人數的主要手段。

組合的規則，有時限定各師傅所得容納的學徒人數，通常規定學徒的年限。這兩種規則的目的，在於限制各該行業上的競爭人數，使願加入者不能加入。學徒人數的規定，是直接限制競爭，而長的學徒年限的規定，由於增加學習費用，間接限制競爭，但同樣有效果。

勞動所有權是一切其他所有權的主要基礎，所以，這種所有權是最神聖不可侵犯的。一個窮人所

勞動所有權是一切其他所有權的主要基礎，所以，這種所有權是最神聖不可侵犯的。

有的世襲財產，就是他的體力與技巧。不讓他以他認為正當的方式，在不侵害他鄰人的條件下，使用他們的體力與技巧，那明顯地是侵犯這最神聖的財產。顯然，那不但侵害這勞動者的正當自由，而且還侵害勞動僱用者的正當自由。妨害一個人，使不能在自己認為適當的用途上勞動，也就妨害另一個人，使不能僱用自己認為適當的人。一個人適合不適合僱用，無疑地可交由有那麼大利害關係的僱主自行裁奪。立法當局假惺惺地擔憂着僱主僱用不適當的勞動者，因而出面干涉，那明顯地不只是壓制，而且是僭越。

同業組合以及大部分組合規則的設立，在於通過限制自由競爭，以阻止價格這樣地下降，從而，阻止工資及利潤的下降——自由競爭勢必引起價格這樣下降。

第二，歐洲的政策，增加了某些職業中的競爭，使其超過了自然的限度，因而使勞動和資本的各種用途的所有利害有了另一種即和上述不相同的不均等。

由於人們認為，給某些職業培養適當數目的人材是非常重要的，並為此目的，設置了許多獎金、助學金、獎學金、苦學生津貼等等。結果，就使這些職業的人數，大大超過自然的限度。我相信，一切基督教國家，大部分牧師的教育費，都是出自這個來源。

第三，歐洲政策，妨礙勞動和資本的自由活動，使不能由一職業移轉到其他職業，由一地方移轉到其他地方，從而使勞動和資本不同用途的所有利害，有時候出現令人非常不愉快的不均等。

學徒法令，妨礙勞動的自由活動，甚至使在同一地方的勞動不能由一種職業轉到其他職業；同業組合的排外特權，妨礙勞動的自由活動，甚至使在同一職業的勞動不能由一處地方轉到其他地方。

那些妨害勞動者的自由流動，也同樣妨害資本的自由流動。因為一種行業上所能使用的資本量，在很大程度上，決定於這行業所能使用的勞動量。不過，同業組合法規妨礙資本由一地移到另一地的自由流動，在程度上小於它妨礙勞動的自由流動。不論何處，富裕商人要在自治城市中獲得經商的特權，比貧窮技工在自由城市中獲得勞作的特權容易得多。

如前所言，投在不同用途上的勞動和資本的不同工資率和利潤率的比例，似乎不大受所屬社會的貧富、進步或退步停滯狀態的影響。公共福利上這樣的變革，雖然會影響一般工資率和利潤率，但歸根到底對所有不同用途必有相同的影響。因此，不

地租顯然是
租地人按照土地實際情況
所能繳納的最高額。

同用途上的工資率和利潤率的比例，必會繼續相同，至少在相當長的期間內，不會因上述變革而變動。

四、論地租

作為使用土地的代價的地租，自然是租地人按照土地實際情狀所支給的最高價格。在決定租約條件時，地主都設法使租地人所得的土地生產物份額，僅足補償他用以提供種子、支付工資、購置和維持耕畜與其他農具的農業資本，並提供當地農業資本的普通利潤。這一數額，顯然是租地人在不虧本的條件下所願意接受的最小份額，而地主決不會多留給他。生產物中分給租地人的那一部分，要是多於這一數額，換言之，生產物中分給租地人那一部分的價格，要是多於這一數額的價格，地主自然要設法把超過額留為己有，作為地租。因此，地租顯然是租地人按照土地實際情況所能繳納的最高額。

這樣看來，作為使用土地的代價的地租，當然是一種壟斷價格。它完全不和地主改良土地所支出的費用或地主所能收取的數額成比例，而和租地人所能繳納的數額成比例。

不論土地的生產物如何，其地租隨土地肥沃程度的不同而不相同；不論其肥沃程度如何，其地租又隨土地位置的不同而不相同。都市附近的土地，比僻遠地帶同樣肥沃的土地，能提供更多的地租。耕作後者，所費勞動量，與耕作前者所費勞動量雖相同，但僻遠地方產物運到市場，需要較大勞動量。因此，這僻遠地方，必須維持較大數量的勞動，而農業家利潤及地主地租所出自的剩餘部分，勢必減少。但是，前面說過，僻遠地方的利潤率，一般比都市附近高，所以，在這減少的剩餘部分中，屬於地主的部分，必定更小。

良好的道路、運河或可通航的河流，由於減少運輸費用，使僻遠地方與都市附近地方，更接近於同一水平。所以，一切改良之中，以交通改良為最有實效。僻遠地方，必是鄉村中範圍最為廣大的地方，交通便利，就促進這廣大地區的開發。同時，又破壞都市附近農村的獨佔，因而對都市有利。連都市附近的農村，也可因此而得益。交通的改善，一方面雖會使若干競爭的商品，運到舊市場來，但另一方面，對於都市附近農村的農產物，亦能開拓出許多新市場。加之，獨佔乃是良好經營的大敵。良好經營，只靠自由和普遍的競爭，才得到普遍的確立。自由和普遍的競爭，勢必驅使各個人，為了自衛而採用良好的經營方法。

一切改良之中，
以交通改良為最有實效。

改良及耕作的擴大，可直接抬高土地的真實地租。地主所得的那一份生產物，必然隨全部生產物的增加而增加。

土地原生產物中，有一部分的真實價格的騰貴，最初是土地改良和耕作擴大的結果，接着，又是促進土地改良和耕作擴大的原因。例如，牲畜價格的騰貴，會直接而且以更大比例，提高土地地租。地主所得部分的真實價值，換言之，他支配他人勞動的能力，會隨土地生產物真實價值的提高而增大，而他在全部生產物中所分的比例亦會隨之增大。

上面已經說過，一國土地和勞動的全部年產物，或者說，年產物的全部價格，自然分解為土地地租、勞動工資和資本利潤三部分。這三部分，構成三個階級人民的收入，即以地租為生、以工資為生和以利潤為生這三種人的收入。此三階級，構成文明社會的三大主要和基本階級。一切其他階級的收入，歸根結底，都來自這三大階級的收入。

由此可見，這三大階級中，第一階級即地主階級的利益，是和社會一般利益密切相關，不可分離的。凡是促進社會一般利益的，亦必促進地主利益，凡是妨害社會一般利益的，亦必妨害地主利益。他們在上述三階級中，算是一個特殊階級。他們不用勞力，不用勞心，更用不着任何計劃與打算，就自然可以取得收入。這一階級所處的安樂穩定地位，使他們自然流於懶惰。懶惰不但使他們無知，並使他們不能用腦筋來預測和了解一切國家規章的後果。

第二階級即靠工資過活的階級的利益，也同樣與社會利益密切相關。如前所述，勞動工資最高的時候，就是對勞動的需求不斷增加、所僱勞動量逐年顯著增加的時候。當社會的真實財富處於不增不減的狀態時，勞動者的工資馬上就會低落，只夠他們贍養家庭，維持種類。當社會衰退時，其工資甚至會降低到這一限度以下。勞動者在繁榮社會中不能享得地主階級那樣大的利益，在衰退的社會中卻要蒙受任何階級所經驗不到的痛苦。

勞動者的僱主即靠利潤為生的人，構成第三個階級。推動社會大部分有用勞動活動的，正是為追求利潤而使用的資本。資本使用者的規劃和設計，支配指導着勞動者的一切最重要動作。但他們這一切規劃和設計，都是以利潤為目標。利潤率不像地租和工資那樣，隨社會繁榮而上升，隨社會衰退而下降。反之，它在富國自然低，在貧國自然高，而在迅速趨於沒落的國家最高。因此，這一階級的利益與一般社會利益的關係，就和其他兩階級不同。

擴張市場，縮小競爭，
無疑是一般商人的利益。

在這一階級中，商人和製造業者通常是使用資本最大的兩階層。因為他們最富裕，所以最為社會所尊敬。他們終日從事規劃與設計，自比大部分鄉紳具有更敏鋭的理解力。可是，因為他們通常為自己特殊事業的利益打算，而不為社會一般利益打算，所以，他們的判斷，即使在最為公平(不總是如此)的場合，也是取決於關於前者的考慮，而很少取決於關於後者的考慮。其實，不論在哪一種商業或製造業上，商人的利益在若干方面往往和公眾利益不同，有時甚或相反。擴張市場，縮小競爭，無疑是一般商人的利益。可是前者雖然往往對於公眾有利，後者卻總是和公眾利益相反。縮小競爭，只會使商人的利潤提高到自然程度以上，而其餘市民卻為了商人的利益而承受不合理的負擔。因此，這一階級所建議的任何新商業法規，都應當十分小心地加以考察。

第2篇

論資財的性質及其蓄積和用途

按照事物的本性，資財的蓄積，必須在分工以前。預蓄的資財越豐裕，分工就能按比例地越細密，而分工越細密，同一數量工人所能加工的材料，就能按更大的比例增加。必須預先儲蓄的材料和工具，卻要比在分工沒有這樣進步時所需要的來得多。況且，一種行業分工越是細密，它的工人人數往往越是增加；更確切地說，使他們分工能夠越來越細密的，就是他們人數的增加。

要這樣大大改進勞動生產力，預蓄資財是絕對必要的。而這種蓄積，亦自然會導致這種改進。

我在本篇所要說明的是：資財的性質怎樣？資財蓄積對各種資本的影響怎樣？資本用途不同，其影響又是怎樣？

第一章　論資財的劃分

對投資者提供收入或利潤的資本，有兩種使用方法。

一，資本可用來生產、製造或購買物品，然後賣出去以取得利潤。這樣使用的資本，在留在所有者手中或保持原狀時，對於投資者不能提供任何收入或利潤。商人的貨物，在未賣出換得貨幣以前，不能提供收入或利潤；貨幣在未重新付出換得貨物以前，也是一樣。商人的資本不斷以一個形態用出，以另一個形態收進；而且也只有依靠這種流通，依靠這種繼續的交換，才有利潤可圖。因此，這樣的資本可稱為流動資本。

二，資本又可用來改良土地，購買有用的機器和工具，或用來置備無須易主或無須進一步流通即可提供利潤的東西。這樣的資本可稱為固定資本。

不同職業所必需的固定資本與流動資本之間的比例，極不相同。

一個國家或一個社會的總資財，即是其全體居民的資財，所以，亦自然分作這三個部分，各有各的特殊作用。

第一部分是留供目前消費的，其特性是不提供收入或利潤。已由消費者購買，但尚未完全消費掉的食品、衣服、傢具等物，屬於這一類。僅供居住的國內房屋，也是這個部分中的一個部分。投在房屋上的資財，如該屋是由其所有者自住，那末，從那時刻起，即失去資本的作用，就是說，它對屋主不提供任何收入。這樣的住屋像衣服、傢具一樣，只是費用的一部分，不是收入的一部分。

第二部分就是固定資本。其特性是不必經過流通，不必更換主人，即可提供收入或利潤。其中主要包含四項：

第一，一切便利勞動和節省勞動的有用機器與工具。第二，一切有利潤可取的建築物，如商店、倉庫、工場、農屋、廄舍、穀倉等。這類建築物，不僅對出租房屋的屋主提供收入，而且對納租的人也是獲取收入的手段。這種建築物和住屋大不相同。這是營業上的用具，也應該視為營業上用具。第三，用開墾、排水、圍牆、施肥等有利可圖的方法投下的使土地變得更適於耕作的土地改良費。改良的農場好像有用的機器，可以便利勞動，節省勞動；它使投資者投下的等量流動資本能提供大得多的收入。第四，社會上一切人民學到的有用才能。學習一種才能，須受教育，須進學校，須做學徒，所費不少。這樣費去的資本，好像已經實現並且固定在學習者的身上。這些才能，對於他個人自然是財產的一部分，對於他所屬的社會，也是財產的一部分。工人增進的熟練程度，可和便利勞動、節省勞動的機器和工具同樣看作是社會上的固定資本。

學習一種才能，須受教育，
須進學校，須做學徒，
所費不少。

學習的時候，固然要花一筆費用，但這種費用，可以得到償還，兼取利潤。

第三部分是流動資本。其特性是要靠流通、要靠更換主人而提供收入。它也包含四項：

第一，貨幣。賴有貨幣，其他三項才能周轉而分配給真正的消費者。第二，屠戶、牧畜家、農業家、穀商、釀酒商等人所有的食品。他們出售這種食品，可以獲得利潤。第三，還在耕作者、製造者、布商、木材商、木匠、瓦匠等人手中的衣服、傢具、房屋三者的材料。這些材料是否是純粹的原料或半加工的材料，可以不理；只要未曾製成衣服、傢具或房屋，即屬於這項。第四，已經製成，但仍在製造者或商人手中，未曾賣給或分配給真正消費者的物品，例如鍛冶店、木器店、金店、寶石店、瓷器店以及其他各種店鋪櫃台上陳列着的製成品。這樣，流動資本包含各種商家手裏的食品、材料、製成品及貨幣。食料、材料、製成品的流轉和分配，都須有貨幣。不然就不能到達最後使用或消費它們的人手中。

這四項中，有三項——食品、材料、製成品——通常在一年內，或在較一年為長或短的期間內，會由流動資本變成固定資本，或變成留供目前消費的資財。

固定資本都是由流動資本變成的，而且要不斷地由流動資本來補充。營業上一切有用的機器工具，都出自流動資本。流動資本提供建造機器的材料，提供維持建造機器的工人的費用。機器製成以後，又常需有流動資本來修理。沒有流動資本，固定資本不能提供任何收入。工作所用的材料、工人生存所賴的食料，都出自流動資本。沒有流動資本，即使最有用的機器工具，亦不能生產一點東西。土地無論怎樣改良，沒有流動資本，亦不能提供收入。維持耕作和收穫的工人，也非有流動資本不可。

固定資本和流動資本，具有同一目的，也只有一個目的，那就是，使留供目前消費的資財不致匱乏，而且能增加。人民的衣食住，都仰給於這種資財。人民的貧富，亦取決於這兩種資本所能提供的這項資財是豐饒還是貧乏。

為了補充社會上固定資本和供目前消費的資財，需要不斷從流動資本中抽出大部分，所以流動資本亦需要不斷的補充。沒有這種補充，流動資本不久就會乾竭。這種增補有三個主要來源，即土地產物、礦山產物、漁業產物。這三個資源不斷供給食料和材料。其中有一部分通過加工製為完成品。正是由於這種供給，從流動資本抽出的食料、材

工作所用的材料、
工人生存所賴的食料，
都出自流動資本。

料、完成品，才有了新的補充。此外，還必須從礦山採取所需要的維持和補充用來作為貨幣的金屬。在普通情況下，貨幣雖無須從流動資本抽出來作為固定資本或留供目前消費的資財，但像其他東西一樣，貨幣難免磨損，難免輸往外國，所以仍須不斷加以補充，不過數量小得多罷了。

土地、礦山和漁業都需要有固定資本和流動資本來經營；其產物，不僅要償還這樣投下的資本，益以利潤，還要償還社會上一切其他資本，益以利潤。製造者每年消費的食品和材料，由農民年年為之補充；農民每年消費的工業品，由製造者年年為之補充。

在一切生活比較安定的國家裏，有常識的人，無不願用可供他使用的資財來求目前享樂，或求未來利潤。如是用來求目前享樂，那它就是留供目前消費的資財。如是用來求未來利潤，那末求利潤的方法，不是把資財保留在手裏，就是把資財花用出去。在前一場合，它是固定資本；在後一場合，它是流動資本。

第二章　論作為社會總資財的一部門或作為維持國民資本的費用的貨幣

一個大國全體居民的總收入，包含他們土地和勞動的全部年產物。在總收入中減去維持固定資本和流動資本的費用，其餘留供居民自由使用的便是純收入。換言之，所謂純收入，乃是以不侵蝕資本為條件，留供居民享用的資財。這種資財，或留供目前的消費，或用來購置生活必需品、便利品、娛樂品等等。國民真實財富的大小，不取決於其總收入的大小，而取決於其純收入的大小。

很明顯，補充固定資本的費用，決不能算在社會純收入之內。有用的機器，必待修補而後能用；營業上的工具，必待修補而後能工作；有利可圖的房屋，必待修繕而後有利可圖。這種修葺所必要的材料，以及把這種種材料製為成品所需要的勞動產品，也都不能算作社會上的純收入。固然，這種勞動的價格，也許會成為社會純收入的一部分，因為從事此種勞動的工人，可能要把工資的全部價值作為留供目前消費的資財。但就別種勞動說，那就不僅勞動的價格歸入這種資財，而且勞動的產品，也歸入這種資財；勞動的價格歸入工人留供目前消費的資財，勞動的產品則成為別人留供目前消費的資財。別人的生活必需品、便利品和娛樂品，都由工人的勞動而增加。

但是，固定資本的維持費，雖然不能列在社會純收入之內，但流動資本的維持費，卻不能與此並論。流動資本包含四部分，即貨幣、食料、材料、製成品。我們說過，後三部分，經常由流動資本中抽出，變作社會上的固定資本或留供目前消費的資財。凡不變為固定資本的消費品，就變作留供目前消費的資財，而成為社會純收入的一部分。所以，維持這三部分流動資本，並沒從社會純收入抽出任何部分的年產物。

社會流動資本中只有一部分，其維持會減少社會純收入。這一部分就是貨幣。

貨幣雖為流動資本的一部分，但就它對社會收入的影響說，它和固定資本是很相像的。

第一，營業上使用的機器和工具的建造與維持，是需要一項費用的。這項費用，雖然是社會總收入的一部分，但是從社會純收入中扣除下來的。貨幣亦然。貨幣的收集與彌補，亦需要一項費用，這種費用雖然是社會總收入的一部分，但也是從社會純收入中扣除下來的。貨幣是商業上的大工具，有了它，社會上的生活必需品、便利品、娛樂品，才得以適當的比例，經常地分配給社會上各個人。

但它是非常昂貴的工具。這昂貴工具的維持，必須費去社會上一定數量極有價值的材料即金銀和一定數量極其精巧的勞動，使其不能用來增加留供目前消費的資財，即不能用來增加人民的生活必需品、便利品和娛樂品。

第二，無論就個人來説或就社會來説，構成固定資本的營業上使用的機器和工具，都不是總收入或純收入的一部分。貨幣亦然。社會的全部收入，雖賴貨幣能經常分配給社會各成員，但貨幣不是社會收入的一部分。貨幣只是貨物借以流通的輪轂，而和它所流通的貨物大不相同。構成社會收入的只是貨物，而不是流通貨物的輪轂。計算社會總收入或純收入時，必須從每年流通的全部貨幣與全部貨物中，減去貨幣的全部價值，一個銅板也不能算在裏面。

我們説一定數額貨幣時，有時指的僅是貨幣內含的金塊，有時又暗暗地指這數額貨幣所能換得的貨物，即指因佔有這數額貨幣而取得的購買力。

我們常用一個人每年領受的金額，來表示這個人的收入。之所以如此，只因為這個金額，可以支配他的購買力，換言之，可以支配他每年所能取得的消費品的價值。我們仍然認為，構成他的收入的，是這種購買力或消費力，而不是含有這種力量

***我們常用一個人每年領受的金額，
來表示這個人的收入。***

的金塊。

在社會流通的金額，決不能等於社會全體人員的收入。同一幾尼，今日付甲，作為甲的養老金，明日可付乙，作為乙的養老金，後日又可付丙，作為丙的養老金。所以在任何國家，年年流通着的金額，和年年付出的養老金比較，價值都要小得多。但購買力，換言之，由陸續付出的全部養老金陸續買進的全部貨物，和這全部養老金比較，卻總具有同樣的價值；同樣，全體領取養老金的人的收入，也必定與這全部養老金具有同樣的價值。構成社會收入的，決不是金塊；社會上所有的金塊，其數量比它的價值要小得多。構成社會收入的，實是購買力，是那些輾轉在各個人手中流通的金塊陸續購得的貨物。

貨幣是流通的大輪轂，是商業上的大工具。像一切其他職業上的工具一樣，那是資本的一部分，並且是極有價值的一部分，但不是社會收入的一部分。把收入分配給應得收入的人，固然是靠了鑄幣內含金塊的流通，但那金塊，決不是社會收入的一部分。

以紙代金銀幣，可以說是以低廉得多的一種商業工具，代替另一種極其昂貴的商業工具，但其便利程度，兩者有時幾乎相等。有了紙幣，流通界無異使用了一個新輪，它的建立費和維持費，比較舊輪，都輕微得多。

一國流通的貨幣，對於靠它而流通的貨物的價值，究竟保持着甚麼比例，也許沒有確定的可能。有人說是一比五，又有人說是一比十、一比二十、一比三十。但是，貨幣對年產物全部價值所持的比例，無論怎樣微小，在年產物中，只有一部分，常常是一小部分，指定用作維持產業的基金。

第三章　論資本積累並論生產性和非生產性勞動

有一種勞動，加在物上，能增加物的價值；另一種勞動，卻不能夠。前者因可生產價值，可稱為生產性勞動，後者可稱為非生產性勞動。製造業工人的勞動，通常會把維持自身生活所需的價值與提供僱主利潤的價值，加在所加工的原材料的價值上。反之，家僕的勞動，卻不能增加甚麼價值。製造業工人的工資，雖由僱主墊付，但事實上僱主毫無所費。製造業工人把勞動投在物上，物的價值便增加。這樣增加的價值，通常可以補還工資的價值，並提供利潤。家僕的維持費，卻是不能收回的。僱用許多工人，是致富的方法，維持許多家

傭用許多工人，是致富的方法，
維持許多家僕，是致貧的途徑。

僕，是致貧的途徑。但家僕的勞動，亦有它本身的價值，像工人的勞動一樣，應得到報酬。不過，製造業工人的勞動，可以固定並且實現在特殊商品或可賣商品上，可以經歷一些時候，不會隨生隨滅。那似乎是把一部分勞動貯存起來，在必要時再提出來使用。那種物品，或者說那種物品的價格，日後在必要時還可用以僱用和原為生產這物品而投下的勞動量相等的勞動量。反之，家僕的勞動，卻不固定亦不實現在特殊物品或可賣商品上。

有些社會上等階級人士的勞動，和家僕的勞動一樣，不生產價值，既不固定或實現在耐久物品或可賣商品上，亦不能保藏起來供日後僱用等量勞動之用。例如，君主以及他的官吏和海陸軍，都是不生產的勞動者。他們是公僕，其生計由他人勞動年產物的一部分來維持。他們的職務，無論是怎樣高貴，怎樣有用，怎樣必要，但終究是隨生隨滅，不能保留起來供日後取得同量職務之用。演員的對白、雄辯家的演說、音樂家的歌唱，他們這一般人的工作，都是隨生隨滅的。

生產性勞動者、非生產性勞動者以及不勞動者，同樣仰食於土地和勞動的年產物。這生產物的數量無論怎麼大，決不是無窮的，而是有限的。因此，用以維持非生產性人手的部分越大，用以維持生產性人手的部分必越小，從而次年生產物亦必越少。除了土地上天然生產的物品，一切年產物都是生產性勞動的結果。

非生產性勞動者和不勞動者，都須仰給於收入。這裏所謂收入，可分為兩項：一，在年產物中有一部分，一開始即指定作為某些人的地租收入或利潤收入；二，在年產物中又有一部分，原是用來補償資本和僱用生產性勞動者的，但在歸到獲得它的人們手中後，除維持他們衣食外，他們往往不分差別地用來維持生產性勞動者和非生產性勞動者。例如，不僅是大地主和富商，就連普通工人，在工資豐厚的場合，也常僱用個把家僕，看回木偶戲。這樣，他就拿一部分收入來維持非生產性勞動者了。並且，他也許要納一些稅。這時，他所維持的那些人，雖然尊貴得多，但同樣是不生產的。

與貧國比較，富國用來補償資本的那部分土地和勞動的年產物，當然要大得多。不僅如此，與直接歸作地租和利潤的部分比較，它在年產物中所佔的比例也大得多。此外，與貧國比較，富國僱用生產性勞動的基金，當然要大得多。但也不僅如此。我們説過，一國的年產物，除了一部分定為僱用生產性勞動的基金外，其餘是用來僱用生產性勞動，還是用來僱用非生產性勞動，並不一定，但通常是

***奢侈者就是這樣濫用資本：
不量入為出，結果就蠶食了資本。***

用在後一用途。

資本增加的直接原因，是節儉，不是勤勞。誠然，未有節儉以前，須先有勤勞，節儉所積蓄的物，都是由勤勞得來。但是若只有勤勞，無節儉，有所得而無所貯，資本決不能加大。節儉可增加維持生產性勞動者的基金，從而增加生產性勞動者的人數。他們的勞動，既然可以增加工作對象的價值，所以，節儉又有增加一國土地和勞動的年產物的交換價值的趨勢。節儉可推動更大的勞動量；更大的勞動量可增加年產物的價值。

奢侈者就是這樣濫用資本：不量入為出，結果就蠶食了資本。

再講妄為。妄為的結果，和奢侈相同。農業上、礦業上、漁業上、商業上、工業上一切不謹慎的、無成功希望的計劃，對於僱用生產性勞動的基金，都有使之減損的趨勢。固然，投在這種計劃上的資本，亦只由生產性勞動者消費，但由於使用不適當，所以，他們消費的價值，不能充分再生產出來，與使用適當的場合比較，總不免減少社會上的生產基金。

政府的浪費，雖無疑曾阻礙英格蘭在財富與改良方面的自然發展，但不能使它停止發展。英格蘭從來沒有過很節儉的政府，所以，居民亦沒有節儉的特性。由此可見，英格蘭王公大臣不自反省，而頒佈節儉法令，甚至禁止外國奢侈品輸入，倡言要監督私人經濟，節制鋪張浪費，實是最放肆、最專橫的行為。他們不知道，他們自己始終無例外地是社會上最浪費的階級。他們好好注意自己的費用就行了，人民的費用，可以任憑人民自己去管。

第四章　論貸出取息的資財

貸出取息的資財，出借人總是看作資本。出借人總希望借貸期滿，資財復歸於己，而在借期中借用人因曾使用這資財，要付他年租若干。這種資財，在借用人手裏，可用作資本，亦可用作留供目前消費的資財。如果用作資本，就是用來維持生產性勞動者，可再生產價值，並提供利潤。在這場合，他無須割讓或侵蝕任何其他收入的資源便能償還該資本及其利息。如果用作目前消費的資財，他就成為浪費者，他奪去了維持勤勞階級的基金，來維持遊惰階級。在這場合，除非他侵蝕某種收入的資源如地產或地租，他就無法償還資本，支付利息。

取息的貸款，大都是以貨幣借出，或為鈔票，或為金銀。但借用人所需要、出借人所供給的實際

貨幣也不過像一張讓與的契約一樣，甲把無意親自使用的資本轉讓給乙。

上不是貨幣而是貨幣的價值，換言之，是貨幣所能購買的貨物。

貨幣總是國內各種貸借的手段，不論其為鈔票或為鑄幣。一國能有多少資財在收取利息的方式下出借，或者像一般人所說，能有多少貨幣在收取利息的方式下出借，並不受貨幣價值的支配，而受特定部分年產物價值的支配。這特定部分年產物從土地生出或由生產的工人製出後，即被指定作資本用，同時所有者又無意親自使用，因而借給別人。因為這種資本的出借與償還，都以貨幣來往，故被稱為金錢上的利害關係。這不僅不同於農業上的利害關係，且不同於工商業上的利害關係，因為在工商業，資本所有者是自己使用自己的資本的。但我們應該知道，即使在金錢上的利害關係方面，貨幣也不過像一張讓與的契約一樣，甲把無意親自使用的資本轉讓給乙。這樣轉讓的資本量，和作為轉讓手段的貨幣的數量相比，不知要大多少倍。同一枚鑄幣或同一張紙幣，可作許多次的購買，亦可連續作許多次的貸借。

照這樣看，以資本貸人取息，實無異由出借人以一定部分的年產物，讓與借用人。但為報答這種讓與，借用人須在借用期內，每年以較小部分的年生產物，讓與出借人，稱作付息；在借期滿後，又以相等於原來由出借人讓給他的那部分年產物，讓與出借人，稱作還本。在轉讓這較小部分和較大部分的場合，貨幣雖然都作為讓與證，但和其所讓與的東西，完全不同。

貸出生息的資財增加了，使用這種資財所必須支付的價格即利息必然低落。那些使物品市價隨物品數量增加而減低的一般原因，固然是使這時利息低落的一個原因，但除了這個原因，我們還可尋出幾個特殊的原因。第一，一國的資本增加了，投資的利潤必減少。要在國內為新資本找到有利的投資方法，將日見困難。資本間的競爭，於是發生，資本所有者常互相傾軋，努力把原投資人排擠出去。但要排擠原投資人，只有把自己的要求條件，放寬一些。他不僅要賤賣，而且，有時因為要出賣，還不得不貴買。第二，維持生產性勞動的基金增加了，對生產性勞動的需求亦必日益增加。因之，勞動者不愁無人僱用，資本家反愁無人可僱。資本家間的競爭提高了勞動的工資，降低了資本的利潤。因使用資本而造成的利潤既然減低了，為使用資本而付給的代價，即利息率，非隨之減低不可。

有些國家的法律，禁止貨幣的利息。但由於在任何地方使用資本都會取得利潤，所以在任何地方使用資本都應有利息為酬。經驗告訴我們，這種法律，不但防止不了重利盤剝的罪惡，反會使它加甚，因為，債務人不但要支付使用貨幣的報酬，而且要對出借人冒險接受這種報酬支付一筆費用。換言之，要給出借人保險他不遭受對重利盤剝所處的刑罰。

在放債取利不被禁止的國家，為了禁止重利盤剝，法律往往規定合法的最高利息率。這個最高利息率，總應略高於最低市場利息率，即那些能夠提供絕對可靠擔保品的借款人借用貨幣時通常所付的價格。這個法定利息率若低於最低市場利息率，其結果將無異於全然禁止放債取利的結果。如果取得的報酬少於貨幣使用之所值，則債權人便不肯借錢出去，所以債務人得為債權人冒險接受貨幣使用之全值而支付一筆費用。如果法定利息率適等於最低市場利息率，則一般沒有穩當擔保品的人便不能從遵守國法的誠實人那裏借到錢，而只好任重利盤剝者盤剝。現在英國，以貨幣貸給政府，年息為百分之三，貸給私人，若有穩當擔保品，則年息為百分之四或百分之四點五，所以，像英國這樣的國家，規定百分之五為法定利息率，也許是再適當沒有。

第五章　論資本的各種用途

一切資本，雖都用以維持生產性勞動，但等量資本所能推動的生產性勞動量，隨用途的不同而極不相同，從而對一國土地和勞動的年產物所能增加的價值，亦極不相同。

資本有四種不同用途。第一，用以獲取社會上每年所需使用所需消費的原生產物；第二，用以製造原生產物，使適於眼前的使用和消費；第三，用以運輸原生產物或製造品，從有餘的地方運往缺乏的地方；第四，用以分散一定部分的原生產物或製造品，使成為較小的部分，適於需要者的臨時需要。第一種用法是農業家、礦業家、漁業家的用法；第二種用法是製造者的用法；第三種用法是批發商人的用法；第四種用法是零售商人的用法。

我以為，這四種用法，已經包括了一切投資的方法。

這四種投資方法，有相互密切關係，少了一種，其他不能獨存，即使獨存，亦不能發展。為全社會的福利計，亦是缺一不可。

一，假設沒有資本用來提供相當豐饒的原生產物，製造業和商業恐怕都不能存在。二，原生產物，有一部分往往要加工製造後才適於使用或消

假設社會上沒有屠戶老闆，我們大家都非一次購買一頭牛或一頭羊不可。

費。假設沒有資本投在製造業中把它加工，則這種原生產物將永遠不會被生產出來，因為沒有對它的需求；或如果它是天然生長的，它就沒有交換價值，不能增加社會財富。三，原生產物及製造品富饒的地方，必以所餘運往缺乏的地方，假設沒有資本投在運輸業中，這種運輸便不可能。於是它們的生產量便不能超過本地消費所需要的。批發商人的資本，可通有無，使這個地方的剩餘生產物交換別個地方的剩餘生產物，所以，既可以獎勵產業，又可以增進這兩個地方的享用。四，假設沒有資本投在零售商業中，把大批原生產物和製造品分成小的部分，來適應需要者的臨時需要，那末，一切人對於所需的貨品都得大批買進來，超過目前的必需。假設社會上沒有屠戶老闆，我們大家都非一次購買一頭牛或一頭羊不可。這對富人也一定是不便的，對貧民將更為不便。有些政論家對商店老闆的成見是完全沒有根據的。小商賈群立，雖然他們相互間也許有妨害，但對社會毫無妨害。所以，不需要對他們課稅，或限制他們的人數。

這種有限的資本，如果分歸兩個雜貨商人經營，這兩人間的競爭，會使雙方都把售價減低得比一個人獨營的場合便宜。如果分歸二十個雜貨商人經營，他們間的競爭會更劇烈，而他們結合起來抬高價格的可能性會變得更小。他們間的競爭，也許會使他們中一些人弄得破產，但這種事情，我們不必過問，當事人應該自己小心。他們的競爭，決不會妨害消費者，亦不會妨害生產者。

一切批發貿易，或一切大批買進來以便大批再賣出去的貿易，可分作三類，即國內貿易、消費品的國外貿易和運送貿易。國內貿易包括內陸貿易和沿海貿易。消費品的國外貿易是購買外國貨物，供本國消費。販運貿易，是從事各外國間的貿易，即以甲國的剩餘產物運往乙國。

私人利潤的打算，是決定資本用途的唯一動機。投在農業上呢，投在工業上呢，投在批發商業上呢，或投在零售商業上呢？那要看甚麼用途的利潤最大。至於甚麼用途所能推動的生產性勞動量最大，甚麼用途所能增加的社會的土地和勞動的年產物的價值最多，他從來不會想到。

第 3 篇

論不同國家中財富的不同發展

第一章　論財富的自然的發展

按照事物的本性，生活資料必先於便利品和奢侈品，所以，生產前者的產業，亦必先於生產後者的產業。提供生活資料的農村的耕種和改良，必先於只提供奢侈品和便利品的都市的增加。鄉村居民須先維持自己，才以剩餘產物維持都市的居民。所以，要先增加農村產物的剩餘，才談得上增設都市。但因都市生活資料，不一定要仰給於附近的農村，甚至不一定要仰給於國內的農村，而可以從遠方運來，所以，這雖然不是一般原則的例外，卻使各時代各國家進步繁榮的過程，因而有所差異。

農村先於都市的事態，在大多數國家，是由需要迫成的，但在所有國家，又有人類天性促其實現。只要人為制度不壓抑人類天性，則在境內土地尚未完全開墾改良以前，都市的增設，決不能超過農村的耕作情況和改良情況所能支持的限度。如果利潤相等或幾乎相等，多數人必寧願投資以改良土地、開墾土地，不願投資於工業及國外貿易。投在土地上的資本，可受到投資人自身更直接的監察；與商人資本比較，他的財產不易遭遇意外。商人的財產，不但常須冒狂風巨浪的危險，而且由於商人常須對風俗情況都不易熟習的遠邦的人貸給信用，還要冒人類的愚蠢與不正行為這些更不可靠因素的危險。反之，地主的資本，卻可固定在土地改良物上，可以説是盡了人事所能做得到的安全。而且，鄉村風景的美麗，鄉村生活的愉快，鄉村心理的恬靜，以及鄉村所提供的獨立性，只要這獨立性不受到人為的迫害的話，這些實具有吸引每一個人的巨大魅力。耕作土地既為人的原始目標，所以，在有人類存在的一切階段，這個原始的職業將為人類所永遠愛悦。

沒有工匠的幫助，農耕必大感不便，且會時作時輟。農民常常需要鍛工、木匠、輪匠、犁匠、泥水匠、磚匠、皮革匠、鞋匠和縫匠的服務。這類工匠，一方面因為要互相幫助，另一方面又因為不必要像農民那樣有固定地址，所以，自然而然地聚居一地，結果，就形成了一種小市鎮或小村落。後來，又有屠戶、酒家、麵包師，以及許多就供給臨時需要那一點説對他們是必要的或有用的其他工匠

沒有工匠的幫助，
農耕必大感不便，
且會時作時輟。

及零售商人加入，於是市鎮日益擴大起來。鄉民和市民是互相服務的。市鎮是鄉民不斷前往把原生產物交換製造品的市集或市場。就是依着這種交換，都市居民才取得了工作材料和生活資料的供給。他們售給鄉村居民的製成品的數量，支配他們所購的材料及食料的數量。所以，他們的材料及食料的增加，只能按照鄉民對製成品需要增加的比例而增加，而這種需要，又只能按照耕作及改良事業發展的比例而發展。所以，設使人為制度不擾亂事物的自然傾向，那就無論在甚麼政治社會裏，都市財富的增長與規模的擴大，都是鄉村耕作及改良事業發展的結果，而且按照鄉村耕作及改良事業發展的比例而增長擴大。

在利潤相等或幾乎相等的條件下，人們選擇投資途徑時，在製造業與國外貿易業兩者中，自然寧願選擇製造業。其原因正如在農業與製造業中，寧願選擇農業一樣。與製造商的資本比較，地主或農業家的資本更為穩當。同樣地，與國外貿易的資本比較，製造商的資本更為穩當，因為隨時都在自己監察之下。誠然，隨便甚麼時代，隨便甚麼社會，剩餘原生產物及製造品，或者說，國內無人需要的原生產物及製造品，都必須送往外國，以交換國內需要的其他物品。但輸運剩餘產物到外國去的資本，為本國所有，或為外國所有，卻是無關重要的。如果本國的資本，不夠我們同時耕作一切土地，並完完全全地製造一切原生產物，那末，由外國資本來輸運本國剩餘原生產物到外國去，亦對本國有很大的利益。因為，賴有這種資本，本國的資本，便可全部投在更有利的用途上。中國、印度、古埃及的富裕，充分證明了一種事實，即是，縱使本國輸出業，有大部分為外國人經營，這國國民的富裕，仍可達到極高的程度。

按照事物的自然趨勢，進步社會的資本，首先是大部分投在農業上，其次投在工業上，最後投在國外貿易上。這種順序是極自然的；這個自然的順序，雖然在所有進步的社會裏都已在某種程度上發生，但就今日歐洲各國的情狀說，這個順序卻就許多方面說，似乎完全相反。它們的精製造業或適於遠地銷售的製造業，多由國外貿易引出。農業大改良，也是製造業和國外貿易所產生的結果。這種反自然的退化的順序，乃是風俗習慣迫成的。他們原來的統治的性質使他們的風俗習慣變成了這個模樣。後來，這種統治大大改變了，他們的風俗習慣卻仍沒有多大改變。

第二章 都市商業對農村改良的貢獻

工商業都市的增加與富裕，對所屬農村的改良與開發，有所貢獻，其貢獻的途徑有三。

一，為農村的原生產物提供一個巨大而便宜的市場，從而鼓勵了農村的開發與進一步的改進。受到這利益的，不僅僅是都市所在的農村，凡與都市通商的農村，都多少受其實惠。它們為此等農村的原生產物或製造品，提供了市場，結果就鼓勵了其產業和產業的改進。當然，靠近都市的農村，所得實惠，自必最大。其原生產物的運輸，所費既較省，所以，與較遠農村的產物比較，商人們即使付給生產者較高的買價，但對於消費者，取價卻仍可一樣低廉。

二，都市居民所獲的財富，常用以購買待售的土地，其中很大一部分往往是尚未開墾的土地。商人們都渴望變成鄉紳。而且，在他們變成了鄉紳的時候，他們往往最能改良土地。商人與鄉紳不同。鄉紳是一向奢侈慣了的，他只會花錢，從來不會想到賺錢。商人卻常用錢來經營有利事業，他用一個錢，就希望在這一個錢回來的時候，帶回一些利潤。他們這種不同的習慣，必然會影響他們在一切事業上的性情和脾氣。商人往往是勇敢的事業家。

三，農村居民一向處在與其鄰人的戰爭和對其上司的依附狀態中。但工商業的發達，卻逐漸使他們有秩序、有好政府、有個人的安全和自由。這一種效果，是最重要的，但卻不為世人所注意。據我所知，曾注意此點的作家，迄今只有休謨先生。

在既無國外貿易又無精製造業的農村，一個大地主，對維持耕作者所剩餘的大部分土地生產物，既無物可以交換，就無所謂地把它花費於鄉村式的款客。這剩餘部分，如足夠養活一百人，他即用以養活一百人，如足夠養活一千人，他即用以養活一千人。據說，瓦維克大公每日在各莊園所款待的賓客，達三萬人；此或言過其實，但數目必很大，否則不會被誇大到如此程度。

國外商業與製造業的興起，漸使大領主得以其土地的全部剩餘產物與他物交換。他們一發現了由自己來消費所收地租的全部價值的方法之後，他們就不願再和別人共同享受這價值。他們就寧願把足以維持一千人一年生活的糧食或其價格，用來換取一對金剛石紐釦或其他同樣無用而無意義的東西，為了滿足最幼稚最可鄙的虛榮心，他們終於完全捨棄了上述權威。

對於公眾幸福，這真是一種極重要的革命，但完成這種革命的，卻是兩個全然不顧公眾幸福的階

***他們所求的，
只是到一個可賺錢的地方
去賺一個錢。***

級。滿足最幼稚的虛榮心，是大領主的唯一動機。至於商人工匠，雖不像那樣可笑，但他們也只為一己的利益行事。他們所求的，只是到一個可賺錢的地方去賺一個錢。大領主的癡愚，商人工匠的勤勞，終於把這次革命逐漸完成了，但他們對於這次革命，卻既不了解，亦未預見。

因此，在歐洲大部分地方，城市工商業是農村改良與開發的原因，而不是它的結果。

第 4 篇

論政治經濟學體系

被看作政治家或立法家的一門科學的政治經濟學，提出兩個不同的目標：第一，給人民提供充足的收入或生計，或者更確切地說，使人民能給自己提供這樣的收入或生計；第二，給國家或社會提供充分的收入，使公務得以進行。總之，其目的在於富國裕民。

不同時代不同國民的不同富裕程度，曾產生兩種不同的關於富國裕民的政治經濟學體系。其一，可稱為重商主義；其二，可稱為重農主義。

第一章　商業主義或重商主義的原理

財富由貨幣或金銀構成這一通常流行的見解，是自然而然地因貨幣有兩重作用而產生的。貨幣是交易的媒介，又是價值的尺度。因為它是交易的媒介，所以，我們用貨幣，比用任何其他商品，都更容易取得我們所需的物品。我們總是覺得，獲取貨幣是一件要事。只要有貨幣，以後隨便購買甚麼，都沒有困難。因為它是價值的尺度，我們便用各種商品所能換得的貨幣量，來估計其他各種商品的價值。發財等於是有了貨幣。總之，按照通俗的說法，財富與貨幣，無論從哪一點看來，都是同義語。

像富人一樣，富足的國家往往被認為擁有很多貨幣。在任何國家，貯積金銀被認為是致富的捷徑。

洛克先生曾指出貨幣與其他各種動產的區別。他說，其他各種動產是那麼容易消耗，以致由這等動產構成的財富不太可靠；現今可能很缺少這等動產。反之，貨幣卻是一個可靠的朋友，它雖然會由這個人轉給那個人，但若能使它不流出國外，就很不容易浪費消耗。所以，在他看來，金銀乃是一國動產中最堅固最可靠的部分；他認為，由於這個緣故，增加此等金屬，應當是該國政治經濟的大目標。

對於那些同外國發生聯繫，而且有時不得不對外作戰，因而有必要在遠地維持海陸軍的國家，他們的看法卻又不同。他們說，除了送出貨幣來支付給養，否則就無法在遠地維持海陸軍，但要送出貨幣，又非先在國內有許多貨幣不可。所以，每個這樣的國家都必須盡力在和平時期累積金銀，一旦需要，才會有財力進行對外戰爭。

由於有這些通常流行的見解，歐洲各國都盡力研究在本國累積金銀的一切可能的方法，雖然沒有多大成效。西班牙和葡萄牙是以此等金屬供給歐洲的主要礦山佔有者，它們曾以最嚴厲的刑罰或苛重的關稅禁止金銀輸出。往時，其他大多數歐洲國家似乎也都採用類似的禁止辦法作為它們政策的一部分。在某些古代蘇格蘭議會法案裏，我們會出乎意料地發現，亦曾以重刑禁止金銀輸出國外。法蘭西和英格蘭古時候也曾採用同樣的政策。

沒有礦山的國家無疑地必須從外國取得金銀。一個有資力購買金銀的國家，決不會缺少那些金屬。金銀像一切其他商品一樣，必須以一定的價格購買；而且，正因為它們是其他一切商品的價格，所以其他一切商品也都是那些金屬的價格。我們可以同樣有把握地相信，自由貿易總會按照我們所能購入或所能使用的程度，給我們提供用以流通商品或用於其他用途的全部金銀。

在各個國家，人類勤勞所能購入或生產的每一種商品量，自然會按照有效需求，即按照願意支付為生產這種商品和使它上市所需支付的全部地租、勞動與利潤的那些人的需求，自行調節。但按照有

沒有礦山的國家
無疑地必須從外國取得金銀。

效需求而發生的這種調節作用，在金銀這種商品上最為容易，也最為準確；這是因為金銀體積小而價值大，最容易從一處地方運到另一處地方，從價廉的地方運到價昂的地方，從超過有效需求的地方運到不足以滿足有效需求的地方。

當一國所輸入的金銀量超過有效需求時，無論政府怎樣保持警惕也不能阻止其輸出。西班牙和葡萄牙的嚴刑峻法，並沒能使金銀不外溢。從秘魯和巴西源源而來的輸入，超過了這兩個國家的有效需求，使金銀在這兩個國家的價格降低到鄰國之下。反之，某國的金銀量如不足供應其有效需求，那就會使金銀的價格抬高到鄰國之上，用不着政府操心去輸入金銀。即使政府盡力想禁止金銀輸入，亦決不能生效。

有許多貨物，因體積關係，不能隨意由存貨充足的市場轉移到存貨不足的市場，但金銀要由金銀豐足的市場運到金銀缺乏的市場，卻很容易。一部分由於這個緣故，金銀的價格才不像其他大部分貨物的價格那樣在存貨過多或不足時不斷發生變動。固然，金銀的價格也不是完全不變動的，但其變動大都是緩慢的、漸進的和齊一的。

儘管如此，一個有資力購買金銀的國家，如果在任何時候缺乏金銀，要想法補足，那就比補足其他任何商品的缺乏都更方便。如果製造業的原料不足，工業必陷於停頓。如果食糧不足，人民必然為飢餓所苦。但如果貨幣不足，則既可代之以物物交換，又可賒賬買賣而每月或每年清算一次，更可用調節得當的紙幣來加以彌補。所以，任何一個國家的政府對於保持或增加國內貨幣量的關心，都是不必要的。

可是，人們對於貨幣稀少的抱怨是再普遍不過了。貨幣只有那些既沒有購買它的資力，又沒有貸借信用的人，才一定會經常感到缺乏。而有資力又有信用的人，在需要貨幣時很少會感到缺乏。有時，整個商業城市及其鄰近地方都會普遍感到貨幣稀少。營業過度是這一現象的普通原因。穩重的人要是不比照其資本訂定經營計劃，結果也會像沒有量入為出的浪費者一樣，既沒有購買貨幣的資力，又沒有借貸貨幣的信用。在計劃實現以前，他們的資財就已耗盡，接着他們的信用也完了。他們到處去向人借貸貨幣，但人家都說沒有貨幣出借。即使這種貨幣稀少的普遍抱怨，也並不能經常證明國內流通的金銀已失常量，而僅能證明有許多人想望金銀但無力支付代價罷了。在貿易的利潤偶然較平常為大的時候，無論大小商人都容易犯營業過度的錯誤。他們輸出的貨幣並不總比平常多，但他們在國

有資力又有信用的人，
在需要貨幣時很少會感到缺乏。

內國外都用 0 賒賬的方式買進數量異常的貨物，運往遙遠的市場，希望在付款期前收回貨物的代價。如果付款期前不能收回代價，他們手上就沒有購買貨幣的資力，也沒有借貸貨幣的確實擔保品了。對貨幣稀少的普遍抱怨，不是起因於金銀的稀少，而是起因於那些求借者難以借貸，以及債權人害怕債款難以收回，不肯出借。

如果力求認真地證明，財富不由貨幣或金銀構成，而由貨幣所購各物構成，並且只在購買貨物時貨幣才有價值，那就未免過於滑稽。無疑，貨幣總是國民資本的一部分；但我們已經說過，它通常只是一小部分，並總是最無利可圖的一部分。

商人所以普遍覺得以貨幣購買貨物較易，以貨物購買貨幣較難，並不是因為構成財富的更主要的成分是貨幣而不是貨物，而是因為貨幣是已知的和確立了的交易媒介物，易於和一切物品交換，但要取得貨幣來交換貨物，卻不見得那麼容易。此外，大部分貨物比貨幣更易於磨損，如果保存它們，可能往往要蒙受大得多的損失。商人有貨物存在手上，同有貨物價格存在金庫相比，更容易發生為他所不能應付的對貨幣的需求。而且，他的利潤直接出自賣貨的多，出自買貨的少，因此他一般更急於以貨物交換貨幣，而不那麼急於以貨幣交換貨物。

不過，豐富的貨物堆在貨倉，不能及時售出，這有時可能成為個別商人破產的原因，但決不能使一國或一個地方遭受同樣的災難。一國土地和勞動的年產物，卻只有極小一部分可以預定用來從鄰國購買金銀。極大部分是在國內流通和消費的。就連運往外國的剩餘物品，也常有大部分用來購買他種外國貨物。所以，預定用以購買金銀的那部分貨物，即使不能賣出以換取金銀，亦不至使一個國家破產。誠然，它可能遭受某些損失和不方便，也可能不得不採用某種為替補貨幣所必需的辦法。但是，它的土地和勞動的年產物卻照常一樣或幾乎照常一樣，因為它有同樣多的或幾乎同樣多的可消費資本來維持自己。以貨物交換貨幣，未必總像以貨幣交換貨物那麼容易，但從長遠看來，以貨物交換貨幣卻比以貨幣交換貨物更有必要。除了購買貨幣，貨物還有其他許多用處；但除了購買貨物，貨幣就一無所用。所以，貨幣必然追求貨物，而貨物卻並不總是或無需追求貨幣。購買貨物的人往往打算自己消費或使用，並不總想再把貨物出售，但售賣貨物的人卻總想再購買。前者購買貨物，往往完成了他的全部任務，而後者售賣貨物，頂多只能完成他的任務的一半。人們所以需求貨幣，不是為了貨幣本身，而是為了他們用貨幣所能購買的物品。

人們所以需求貨幣，
不是為了貨幣本身，
而是為了用貨幣所能購買的物品。

據說，可消費的物品不久會被破壞，而金銀則具有較大的耐久性，只要不繼續輸出，就可在長時期內累積起來，使國家的真實財富增加到使人難以置信的程度。所以，以這種耐久的商品交換那些容易損壞的商品，據說是最不利於國家的貿易。不過，我國的鐵器也是極耐久的商品，如不繼續輸出，也可能在長時期內累積起來，使國內鍋釜的數量增加到令人難以置信的程度。但如果我們以英國的鐵器交換法國的葡萄酒，卻又不被看作是不利的貿易。我們一看就知道，隨便在哪一個國家，這類用具的數目必然要受實際用途的限制；我們也容易了解，在任何一個國家，鍋釜都是用來烹調通常在那裏消費的食物的，不必要地增多鍋釜是荒謬的；我們也同樣容易看出，任何一個國家的金銀量都受這類金屬的實際用途的限制，或是鑄成硬幣當通貨使用，或是製成器皿當傢具使用。無論在哪一個國家，鑄幣量都受國內借鑄幣而流通的商品的價值的支配；商品的價值增加了，立刻就會有一部分商品被運到有金銀鑄幣的外國，去購買為流通商品所必須增加的鑄幣量。我們又知道，金銀器皿的數量都受國內豪華家族的數目與財富的支配，要豪華家族購置多於他們所需要的廚房用具，以增加其快樂，那是荒謬的；同樣，要一個國家輸入或保留多於它所需要的金銀，以增加國富，也是荒謬的。出資購買不必要那麼多的金銀，必然會減少用於衣食住和用於維持人民生計的財富。必須記住，金銀無論鑄成硬幣或製成器皿，同廚房用具一樣，都是器具。如果增加金銀的用途，增加可以用金銀來流通、支配和製造的可消費的物品，就一定會增加金銀的數量；但是，如果你想用非常的手段來增加它們的數量，那就一定會減少它們的用途，甚至會減少它們的數量，因為金銀的數量必須受其用途的限制。如果金銀累積得超過所需的數量，那末，由於金銀的運輸是那麼容易，而閒置不用的損失又是那麼大，任何法律也不能防止其立即輸出國外。

一國要對外進行戰爭，維持遠遣的海陸軍，並不一定要累積金銀。海陸軍所賴以維持的不是金銀，而是可消費的物品。國內產業的年產物，換言之，本國土地、勞動和可消費資本的年收入，就是在遙遠國家購買此等可消費的物品的手段。有了這種手段的國家就能維持對遙遠國家的戰爭。

金銀的輸入，不是一國得自國外貿易的主要利益，更不是唯一利益。經營國外貿易的任何地方之間，毫不例外地都可從中得到兩種不同的利益。那就是，輸出他們所不需要的土地和勞動年產物的剩餘部分，換回他們所需要的其他物品。通過以剩餘

一國要對外進行戰爭，
維持遠遣的海陸軍，
並不一定要累積金銀。

物品換取其他物品來滿足他們一部分的需要並增加他們的享受，這種貿易使剩餘物品有了價值。利用這個辦法，國內市場的狹隘性並不妨礙任何工藝或製造業部門的分工發展到十分完善的程度。由於給國內消費不了的那一部分勞動成果開拓了一個比較廣闊的市場，這就可以鼓勵他們去改進勞動生產力，竭力增加他們的年產物，從而增加社會的真實財富與收入。對於彼此進行對外貿易的所有不同的國家，對外貿易都不斷地從事完成這些偉大而重要的工作。當然，經營國外貿易的商人一般總是較多地注意供應本國人民的需要和輸出本國的剩餘物品，較少地注意供應別國人民的需要和輸出別國的剩餘物品，所以最受國外貿易的利益的，是商人所在的國家，但通商各國也都得到巨大的利益。以金銀輸入沒有金銀礦山但又需要金銀的國家，無疑是對外貿易業務的一部分，但這是最不重要的一部分。單為了這種打算而經營國外貿易的國家，恐怕在一世紀內還沒有機會裝滿一船金銀。

但是，財富在於金銀，以及無金銀礦山的國家只有通過貿易差額，即使輸出價值超過輸入價值才能輸入金銀這兩個原則既然已經確立，那末，政治經濟學的巨大目的就一定變成盡量減少供國內消費的外國商品的輸入，盡量增加國內產業產品的輸出了。因此，使國家致富的兩大手段就是限制輸入和獎勵輸出。

輸入的限制有二種。

第一，凡能由本國生產的供國內消費的外國商品，無論從甚麼國家輸入，都一律加以限制。

第二，在對某些外國的貿易中，如果貿易差額被認為不利於本國，那就幾乎是無論何種貨物，只要是從那些國家輸入的，都一律加以限制。

這些不同的限制有時採用高關稅的方法，有時採用絕對禁止的方法。

獎勵輸出的方法，有時是退稅，有時是發給獎勵金，有時是同主權國家訂立有利的通商條約，有時是在遙遠的國家建立殖民地。

在下述兩種不同的情況下允許退稅。已納關稅或國產稅的國內製造品，在輸出時往往將課稅的全部或一部發還；輸入時已經課稅的外國商品，如再輸出，則有時將課稅的全部或一部發還。

獎勵金的頒發，用以獎勵某些新興的製造業，或用以獎勵被認為應受特殊照顧的其他一些工業。

通過有利的通商條約，本國的貨物或商人在某一外國獲得了其他國家的貨物和商人所不能享受的特權。

在遙遠的國家建立殖民地，不僅使殖民地建立

獎勵輸出的方法，
有時是退稅，
有時是發給獎勵金。

國的貨物和商人享有某些特權，而且往往使他們取得獨佔權。

上述兩種限制輸入的方法連同四種獎勵輸出的方法，乃是使貿易差額有利，以增加國內金銀量的六種主要的手段，為重商主義所倡導。

〔我將就重商主義倡導的〕限制從外國輸入國內能生產的貨物〔這一手段進行討論：〕

以高關稅或絕對禁止的辦法限制從外國輸入國內能夠生產的貨物，國內從事生產這些貨物的產業便多少可以確保國內市場的獨佔。例如，禁止從外國輸入活牲畜和醃製食品的結果，英國牧畜業者就確保了國內肉類市場的獨佔。

這種國內市場的獨佔，對享有獨佔權的各種產業往往給予很大的鼓勵，並往往使社會在那情況下有較大部分的勞動和資財轉用到這方面來，那是毫無疑問的。但這辦法會不會增進社會的全部產業，會不會引導全部產業走上最有利的方向，也許並不是十分明顯的。

社會全部的產業決不會超過社會資本所能維持的限度。任何個人所能僱用的工人人數必定和他的資本成某種比例，任何商業條例都不能使任何社會的產業量的增加超過其資本所能維持的限度。它只能使本來不納入某一方向的一部分產業轉到這個方向來。至於這個人為的方向是否比自然的方向更有利於社會，卻不能確定。

各個人都不斷地努力為他自己所能支配的資本找到最有利的用途。固然，他所考慮的不是社會的利益，而是他自身的利益，但他對自身利益的研究自然會或者毋寧說必然會引導他選定最有利於社會的用途。

第一，每個人都想把他的資本投在盡可能接近他家鄉的地方，因而都盡可能把資本用來維持國內產業，如果這樣做他能取得資本的普通利潤，或比普通利潤少得有限的利潤。

所以，如果利潤均等或幾乎均等，每一個批發商人就都自然寧願經營國內貿易而不願經營消費品的國外貿易，寧願經營消費品國外貿易而不願經營運送貿易。投資經營消費品國外貿易，資本往往不在自己的監視之下，但投在國內貿易上的資本卻常在自己的監視之下。他能夠更好地了解所信託的人的品性和地位，即使偶然受騙，也比較清楚地了解他為取得賠償所必須根據的本國法律。我已經指出，投在國內貿易上的資本，同投在消費品國外貿易上的等量資本相比，必能推動更大量的國內產業，使國內有更多的居民能夠由此取得收入和就業機會。投在消費品國外貿易上的資本，同投在運送

每個人都想把他的資本
投在盡可能接近他家鄉的地方。

貿易上的等量資本相比，也有同樣的優點。所以，在利潤均等或幾乎均等的情況下，每個個人自然會運用他的資本來給國內產業提供最大的援助，使本國盡量多的居民獲得收入和就業機會。

第二，每個個人把資本用以支持國內產業，必然會努力指導那種產業，使其生產物盡可能有最大的價值。

勞動的結果是勞動對其對象或對施以勞動的原材料所增加的東西。勞動者利潤的大小，同這生產物價值的大小成比例。但是，把資本用來支持產業的人，既以牟取利潤為唯一目的，他自然總會努力使他用其資本所支持的產業的生產物能具有最大價值，換言之，能交換最大數量的貨幣或其他貨物。

但每個社會的年收入，總是與其產業的全部年產物的交換價值恰好相等，或者無寧説，和那種交換價值恰好是同一樣東西。所以，由於每個個人都努力把他的資本盡可能用來支持國內產業，都努力管理國內產業，使其生產物的價值能達到最高程度，他就必然竭力使社會的年收入盡量增大起來。確實，他通常既不打算促進公共的利益，也不知道他自己是在甚麼程度上促進那種利益。由於寧願投資支持國內產業而不支持國外產業，他只是盤算他自己的安全；由於他管理產業的方式目的在於使其生產物的價值能達到最大程度，他所盤算的也只是他自己的利益：在這場合，像在其他許多場合一樣，他受着一隻無形的手的指導，去盡力達到一個並非他本意想要達到的目的。也並不因為事非出於本意，就對社會有害。他追求自己的利益，往往使他能比在真正出於本意的情況下更有效地促進社會的利益。

關於可以把資本用在甚麼種類的國內產業上面，其生產物能有最大價值這一問題，每一個人處在他當地的地位，顯然能判斷得比政治家或立法家好得多。

使國內產業中任何特定的工藝或製造業的生產物獨佔國內市場，就是在某種程度上指導私人應如何運用他們的資本，而這種管制幾乎毫無例外地必定是無用的或有害的。如果本國產業的生產物在國內市場上的價格同外國產業的生產物一樣低廉，這種管制顯然無用。如果價格不能一樣低廉，那末一般地說，這種管制必定是有害的。如果一件東西在購買時所費的代價比在家內生產時所費的小，就永遠不會想要在家內生產，這是每一個精明的家長都知道的格言。他們都感到，為了他們自身的利益，應當把他們的全部精力集中使用到比鄰人處於某種有利地位的方面，而以勞動生產物的一部分或同樣

他受着一隻無形的手的指導，
去盡力達到一個
並非他本意想要達到的目的。

的東西，即其一部分的價格，購買他們所需要的其他任何物品。

在每一個私人家庭的行為中是精明的事情，在一個大國的行為中就很少是荒唐的了。如果外國能以比我們自己製造還便宜的商品供應我們，我們最好就用我們有利地使用自己的產業生產出來的物品的一部分向他們購買。所以，如果聽其自然，僅以等量資本僱用勞動，在國內所生產商品的一部分或其價格的一部分，就可把這商品購買進來。所以，上述管制的結果，國家的勞動由較有利的用途改到較不利的用途。其年產物的交換價值，不但沒有順隨立法者的意志增加起來，而且一定會減少下去。

誠然，由於有了這種管制，特定製造業有時能比沒有此種管制時更迅速地確立起來，而且過了一些時候，能在國內以同樣低廉或更低廉的費用製造這特定商品。不過，社會的勞動，由於有了此種管制，雖可更迅速地流入有利的特定用途，但勞動和收入總額，卻都不能因此而增加。社會的勞動，只能隨社會資本的增加而比例增加；社會資本增加多少，又只看社會能在社會收入中逐漸節省多少。而上述那種管制的直接結果，是減少社會的收入，凡是減少社會收入的措施，一定不會迅速地增加社會的資本；要是聽任資本和勞動尋找自然的用途，社會的資本自會迅速地增加。

沒有那種管制，那特定製造業雖不能在這社會上確立起來，但社會在其發展的任何時期內，並不因此而更貧乏。在這社會發展的一切時期內，其全部資本與勞動，雖使用的對象不相同，但仍可能使用在當時最有利的用途。在一切時期內，其收入可能是資本所能提供的最大的收入，而資本與收入也許以可能有的最大速度增加着。

有時，在某些特定商品的生產上，某一國佔有那麼大的自然優勢，以致全世界都認為，跟這種優勢作鬥爭是枉然的。通過嵌玻璃、設溫床、建溫壁，蘇格蘭也能栽種極好的葡萄，並釀造極好的葡萄酒，其費用大約三十倍於能由外國購買的至少是同樣好品質的葡萄酒。單單為了要獎勵蘇格蘭釀造波爾多和布岡迪紅葡萄酒，便以法律禁止一切外國葡萄酒輸入，這難道是合理的嗎？但是，如果蘇格蘭不向外國購買它所需要的一定數量的葡萄酒，而竟使用比購買所需的多三十倍的資本和勞動來自己製造，顯然是不合理的，那末所使用的資本與勞動，僅多三十分之一，甚或僅多三百分之一，也是不合理的，不合理的程度雖沒有那麼驚人，但卻完全是同樣不合理。至於一國比另一國優越的地位，是固有的，或是後來獲得的，在這方面，無關重

從獨佔國內市場取得最大好處的，
乃是商人與製造業者。

要。只要甲國有此優勢，乙國無此優勢，乙國向甲國購買，總是比自己製造有利。一種技藝的工匠比另一種技藝的工匠優越的地位，只是後來獲得的，但他們兩者都認為，互相交換彼此產品比自己製造更有利。

從獨佔國內市場取得最大好處的，乃是商人與製造業者。

但是，給外國產業加上若干負擔，以獎勵國內產業，似乎一般只在下述二場合是有利的。

第一，特定產業，為國防所必需。例如，大不列顛的國防，在很大程度上，決定於它有多少海員與船隻。所以，大不列顛的航海法，當然力圖通過絕對禁止或對外國航船課重稅來使本國海員和船舶獨佔本國航運業了。

給外國產業加上若干負擔，以獎勵國內產業，一般有利的第二場合是，在國內對國內生產物課稅的時候。在這場合，對外國同樣產物課以同額稅，似乎亦合理。這辦法不會給國內產業以國內市場的獨佔權，亦不會使流入某特殊用途的資財與勞動，比自然會流入的多。課稅的結果，僅使本來要流入這用途的任何一部分資財與勞動，不流入較不自然的用途，而本國產業與外國產業，在課稅後，仍能在和課稅前大約相同的條件下互相競爭。

消費是一切生產的唯一目的，而生產者的利益，只在能促進消費者的利益時，才應當加以注意。這原則是完全自明的，簡直用不着證明。但在重商主義下，消費者的利益，幾乎都是為着生產者的利益而被犧牲了；這種主義似乎不把消費看作一切工商業的終極目的，而把生產看作工商業的終極目的。

對於凡能與本國產物和製造品競爭的一切外國商品，在輸入時加以限制，就顯然是為着生產者的利益而犧牲國內消費者的利益了。為了前者的利益，後者不得不支付此種獨佔所增加的價格。

對於本國某些生產物，在輸出時發給獎勵金，那亦全是為了生產者的利益。國內消費者，第一不得不繳納為支付獎勵金所必要徵收的賦稅；第二不得不繳納商品在國內市場上價格抬高所必然產生的更大的賦稅。

第二章　論重農主義即政治經濟學中把土地生產物看作各國收入及財富的唯一來源或主要來源的學說

據我所知，把土地生產物看作各國收入及財富的唯一來源或主要來源的學說，從來未被任何國家

但在重商主義下，
消費者的利益，幾乎都是
為着生產者的利益而被犧牲了。

所採用；現在它只在法國少數博學多能的學者的理論中存在着。

路易十四有名的大臣科爾伯特抱有重商主義的一切偏見。這種學說，就其性質與實質說，就是一種限制與管理的學說，他不讓各個人在平等自由與正義的公平計劃下，按照各自的路線，追求各自的利益，卻給某些產業部門以異常的特權，而給其他產業部門以異常的限制。更多地鼓勵城市產業，很少鼓勵農村產業；而且他還願意壓抑農村產業，以支持城市產業。為了使城市居民得以廉價購買食物，從而鼓勵製造業與國外貿易，他完全禁止穀物輸出；這樣就使農村居民不能把其產業產品的最重要部分，運到外國市場上去。

諺語說，矯枉必須過正。主張把農業視為各國收入與財富的唯一來源的這些法國學者們，似乎採用了這個“格言”。由於在科爾伯特的制度中，和農村產業比較，城市產業確是過於受到重視，所以在這些重農主義學者的學說中，城市產業就必定受到輕視。

他們把一般認為在任何方面對一國土地和勞動的年產物有所貢獻的各階級人民，分為三種。第一種，土地所有者階級；第二種，耕作者、農業家和農村勞動者階級，對於這一階級，他們給以生產階級這一光榮稱號；第三種，工匠、製造者和商人階級，對於這一階級，他們給以不生產階級這一不名譽的稱號。

所有者階級，所以對年產物有貢獻，是因為他們把金錢花在土地改良上，花在建築物、排水溝、圍牆及其他改良或保養上，有了這些，耕作者就能以同一的資本，生產更多的生產物，因而能支付更大的地租。這種增高的地租，可視為地主出費用或投資改良其土地所應得的利息或利潤。這種費用，在這個學說中，稱為土地費用。

耕作者或農業家所以對年產物有貢獻，是因為他們出費用耕作土地。在重農主義體系中，這種費用稱為原始費用和每年費用。原始費用包括：農具、耕畜、種子以及農業家的家屬、僱工和牲畜。在第一年度耕作期間(至少在其大部分期間)或在土地有若干收獲以前所需的維持費。每年費用包括：種子、農具的磨損以及農業家的僱工、耕畜和家屬(只要家屬中某些成員可視為農業僱工)每年的維持費。支付地租後留給他的那一部分土地生產物，首先應該足以在相當期間內，至少在他耕種期間內，補償他的全部原始費用並提供資本的普通利潤；其次應該足以補償他全部的每年費用，並提供資本的普通利潤。這兩種費用，是農業家用於耕作的兩種資本；倘若這兩種資本不經常地回到他手中，並給他提供合理的利潤，他就不能與其他職業者處在同等地位經營他的業務；為使農業家能繼續工作所必需的那一部分土地生產物，應視為農業的神聖基金。倘若地主加以侵害，就必然會減少他自己土地的產物，不出多少年，就會使農業家不但不能支付此種苛酷的地租，而且不能支付應當支付的合理地租。地主應得的地租，只是把先前用於生產總產物或全部產物所必需的一切費用完全付清之後留下來的純產物。因為耕作者的勞動，在付清這一切必要費用之後，還能提供這種純產物，所以在這種學說中，這個階級才被尊稱為生產階級。而且由於同一理由，他們的原始費用和每年費用，在這種學說中，亦被稱為生產性費用，因為這種費用，除了補償自身的價值外，還能使這個純產物每年再生產出來。

所謂土地費用，即地主用來改良土地的費用，因為在良好狀態下，此等土地費用，除了再生產它自身全部價值以外，還能在若干時間以後，使純產物再生產出來，所以在這種學說中，它亦被稱為生產性費用。

在這種學說中，被稱為生產性費用的，就只有這三種，即地主的土地費用，農業家的原始費用及每年費用。其他一切費用，其他一切階級人民，即使一般認為最生產的那些人，亦因為這個緣故，被視為是完全不生產的。

按人們一般的見解，工匠與製造業者的勞動，是極能增加土地原生產物的價值的，但在這種學說中，工匠和製造者卻特別被視為完全不生產的階級。據說，他們的勞動，只償還僱用他們的資本並提供其普通利潤。這種資本乃是僱主墊付給他們的原材料、工具與工資，是被指定用來僱用他們、維持他們的基金。其利潤乃是被指定用來維持他們的僱主的基金。製造業資本的利潤，並不像土地的地租一樣，是還清全部費用以後留下的純產物。農業家的資本，像製造者的資本一樣，給資本所有者提供利潤，但農業家能給他人提供地租，製造者卻不能夠。所以用來僱用並維持工匠、製造業工人的費用，只延續——如果可以這樣說——它自身價值的存在，並不能生產任何新的價值。這樣，它是不生產的費用。反之，用來僱用農民或農村勞動者的費用，卻除了延續它本身價值的存在，還生產一個新的價值，即地主的地租。因此，它是生產性費用。

商業資本和製造業資本，同樣是不生產的。它只能延續它自身價值的存在，不能生產任何新價值。其利潤，不過是投資人在投資期間內或收得報

商業資本和製造業資本，
同樣是不生產的。
它只能延續它自身價值的存在。

酬前為自身而墊付的維持費的補償，換言之，不過是投資所需用費的一部分的償還而已。

工匠、製造業工人、商人，只能由節儉來增加社會的收入與財富，即自行剝奪自己生活資料基金的一部分，以增加社會的收入或財富。他們每年所再生產的，只是這種基金。

反之，農業家及農村勞動者卻可享受其自己生活資料基金全部，同時仍可增加社會的收入與財富。他們的勞動，除了給自己提供生活資料以外，還能每年提供一種純產物；增加這種純產物，必然會增加社會的收入與財富。

不生產階級，即商人、工匠、製造業工人的階級，是由其他兩階級——土地所有者階級及耕作者階級——維持與僱用的。這一階級工作的材料，由他們供給，這一階級的生活資料基金，由他們供給，這一階級在工作時所消費的穀物和牲畜，亦由他們供給。

不過，對於其他兩階級，這個不生產階級，不僅有用，而且是大大有用。有了商人、工匠和製造業工人的勞動，地主與耕作者才能以少得多的自己勞動的產物，購得他們所需的外國貨物及本國製造品。

就任何一點說，限制或阻害商人、工匠及製造業工人的產業，都不是地主及耕作者的利益。這一不生產階級越自由，他們之間各種職業的競爭越激烈，其他兩階級所需的外國商品及本國製造品，就將以越低廉的價格得到供給。

壓迫其他兩階級，也不可能是不生產階級的利益。維持並僱用不生產階級的，乃是先維持耕作者再維持地主以後剩留下來的剩餘土地生產物。這剩餘額越大，這一階級的生計與享樂，必越得到改進。完全正義、完全自由、完全平等的確立，是這三階級同臻於最高度繁榮的最簡單而最有效的秘訣。

在荷蘭和漢堡那樣主要由商人、工匠和製造業工人這一不生產階級構成的商業國家中，這一類的人，也是這樣由地主及土地耕作者來維持和僱用的。但其中有一區別，亦只有一區別，即這些地主與耕作者，大部分都離這些商人、工匠和製造業工人非常的遠，換言之，供後者以工作材料和生活資料基金的，乃是其他國家的居民、其他政府的人民。

對此等商業國的貿易或其所供給的商品徵課高關稅，以妨害或抑制此等商業國的產業，決不是有田地的國家——如果我可以這樣說——的利益。這種關稅，提高這些商品的價格，勢必減低用以購買商業國商品的它們自己土地的剩餘生產物或其價格的真實價值。這種關稅的唯一作用是，妨害此等剩餘生產物的增加，從而妨害它們自己土地的改良與耕作。反之，准許一切此等商業國享有貿易上最完全的自由，乃是提高這種剩餘生產物價值，鼓勵這種剩餘生產物增加，並從而鼓勵國內土地改良及耕作的最有效方策。

這種完全的貿易自由，就以下一點說，也是最有效的方策。它在適當期間，供給他們以國內所缺少的工匠、製造業工人及商人，使得他們在國內感到的那種最重要缺陷，在最適當、最有利的情況下得到填補。

反之，倘若農業國以高關稅或禁令壓抑外國人民的貿易，就必然在兩個方面妨害它本身的利益。(一)提高一切外國商品及各種製造品的價格，必然減低用以購買外國商品及各種製造品的本國剩餘土地生產物的真實價值；(二)給予本國商人、工匠和製造業工人以國內市場的獨佔，就提高工商業利潤率，使之高於農業利潤率，這樣就把原來投在農業上的資本的一部分吸引到工商業去，或使原要投在農業上的那一部分資本，不投到農業上。所以，這個政策在兩個方面妨害農業。(一)減低農產物的真實價值，因而減低農業利潤率；(二)提高其他一切資本用途的利潤率。農業因此成為利益較少的行業，而商業與製造業卻因此變得更有利可圖。各個人為了自身的利益，都企圖盡可能把資本及勞動從前一類用途改投到後一類用途。

至於按照這個學說，土地年產物全部是怎樣在上述那三個階級之間進行分配，不生產階級的勞動為甚麼只補還它所消費的價值，而不增加那全額的價值，則由這一學說的最聰明、最淵博的創始者魁奈，用一些數學公式表明出來了。在這些公式中，他對第一個公式特別重視，標名為《經濟表》。他想像在最完全的自由狀態下，因而是在最繁榮的狀態下，在年產物能提供最大量純產物，而各階級能在全部年產物中享有其應得部分的情況下，他用第一個公式把想像的這種分配的進行方式表述出來。接着，有幾個公式，又把在有各種限制及規章條例的狀態下，在地主階級和不生產階級受惠多於耕作者階級的狀態下，在這兩個階級侵蝕生產階級應得部分的狀態下，他所想像的這種分配的進行方式，表述出來。按照這個學說，最完全自由狀態所確立的自然分配，每一次受侵蝕，每一次受侵害，都必然會不斷地多少減損年產物的價值與總和，因而使社會收入與財富逐漸減少。減少的程度，必按照侵蝕程度，必按照自然分配所受的侵害程度，而以較速

農民與農村勞動者的勞動，確比商人、製造業工人與工匠的勞動更有生產力。

或較緩的程度，日益加劇。這些公式，把這學說認為必和這自然分配所受不同侵害程度相適應的不同減少程度，表述出來。

但是，這種學說最大的謬誤，似乎在於把工匠、製造業工人和商人看作全無生產或全不生產的階級。這種看法的不適當，可由下面的話來說明。

第一，這種學說也承認這一階級每年再生產他們自身每年消費的價值，至少是延續了僱用他們和維持他們的那種資財或資本的存在。單就這一點說，把無生產或不生產的名稱加在他們頭上，似乎很不妥當。而農民與農村勞動者的勞動，確比商人、製造業工人與工匠的勞動更有生產力。但是，一個階級的更多的生產，決不能使其他階級成為無生產或不生產的。

第二，無論怎樣說，把工匠、製造業工人與商人，和家僕一樣看待，似乎是完全不適當的。家僕的勞動，不能延續僱用他們和維持他們的基金的存在。反之，工匠、製造業工人與商人的勞動，卻自然而然地固定在並實現在可賣商品上。因此，在討論生產性和非生產性勞動那一章中，我把工匠、製造業工人及商人，歸到生產性勞動者內，而把家僕歸到無生產或不生產的勞動者內。

第三，無論根據何種假設，說工匠、製造業工人和商人的勞動，不增加社會的真實收入，都似乎是不妥當的。例如，即使我們假定(像這種學說所假定的一樣)，這一階級每日、每月或每年所消費的價值，恰好等於他們每日、每月或每年所生產的價值，亦不能因此便斷言，他們的勞動，對社會的真實收入，對社會上土地和勞動的年產物的真實價值，無所增加。例如，某一工匠，在收獲後六個月時間，完成了值十鎊的作業，那末即使他同時消費了值十鎊的穀物及其他必需品，他實際上亦對社會的土地和勞動的年產物，增加了十鎊的價值。

第四，農業家及農村勞動者，如果不節儉，即不能增加社會的真實收入即其土地和勞動的年產物，這和工匠、製造業工人及商人是一樣的。任何社會的土地和勞動的年產物，都只能由兩種方法來增加。其一，改進社會上實際僱用的有用勞動的生產力；其二，增加社會上實際僱用的有用勞動量。

有用勞動的生產力的改進，取決於：(一)勞動者能力的改進；(二)他工作所用的機械的改進。

第五，即使一國居民的收入，真如這一學說所設想的那樣，全由其居民勞動所能獲得的生活資料構成，在其他一切條件都相等的場合，工商業國的收入，亦必比無工業或無商業的國家的收入大得多。一國通過商業及工業每年能從外國輸入的生活資料量，就比其土地在現有耕作狀態下所能提供的多。

這一學說雖有許多缺點，但在政治經濟學這個題目下發表的許多學說中，要以這一學說最接近於真理。因此，凡願細心研討這個極重要科學的原理的人，都得對它十分留意。這一學說把投在土地上的勞動，看做唯一的生產性勞動，這方面的見解，未免失之褊狹；但這一學說認為，國民財富非由不可消費的貨幣財富構成，而由社會勞動每年所再生產的可消費的貨物構成，並認為，完全自由是使這種每年再生產能以最大程度增進的唯一有效方策，這種說法無論從哪一點說，都是公正而又毫無偏見的。它的信徒很多。人們大都愛好怪論，總想裝作自己能理解平常人所不能理解的東西；這一學說與眾不同，倡言製造業勞動是不生產的勞動，也許是它博得許多人贊賞的一個不小的原因。在過去數年間，他們居然組成了一個很重要的學派，在法國學術界中，取得了經濟學家的名稱。他們的作品，把許多向來不曾有人好好研究過的題目，提到大眾面前討論，並使國家行政機關在一定程度上贊助農業，所以對於他們的國家，他們確有貢獻。就因為他們這種說法，法國農業一向所受的各種壓迫，就有好幾種得到了解脫。

中國的政策，就特別愛護農業。在歐洲，大部分地方的工匠的境遇優於農業勞動者，而在中國，據說農業勞動者的境遇卻優於技工。在中國，每個人都很想佔有若干土地，或是擁有所有權，或是租地。租借條件據說很適度，對於租借人又有充分保證。中國人不重視國外貿易。

中國幅員是那麼廣大，居民是那麼多，氣候是各種各樣，因此各地方有各種各樣的產物，各省間的水運交通，大部分又是極其便利，所以單單這個廣大國內市場，就夠支持很大的製造業，並且容許很可觀的分工程度。就面積而言，中國的國內市場，也許並不小於全歐洲各國的市場。假設能在國內市場之外，再加上世界其餘各地的國外市場，那末更廣大的國外貿易，必能大大增加中國製造品，大大改進其製造業的生產力。如果這種國外貿易，有大部分由中國經營，則尤有這種結果。通過更廣泛的航行，中國人自會學得外國所用各種機械的使用術與建造術，以及世界其他各國技術上、產業上其他各種改良。

所以，為了增進農業而特別重視農業，並主張對製造業及國外貿易加以限制的那些學說，其作用都和其所要達到的目的背道而馳，並且間接妨害他們所要促進的那一種產業。就這一點說，其矛盾也

中國的政策，就特別愛護農業。
中國人不重視國外貿易。

許比重商主義還要大。重商主義為了鼓勵製造業及國外貿易，而不鼓勵農業，雖使社會資本一部分離去較有利益的產業，而支持較少利益的產業，但實際上，總算鼓勵了它所要促進的產業。反之，重農學派的學說，卻歸根到底實際上妨害了它們所愛護的產業。

這樣看來，任何一種學說，如要特別鼓勵特定產業，違反自然趨勢，把社會上過大一部分的資本拉入這種產業，或要特別限制特定產業，違反自然趨勢，強迫一部分原來要投在這種產業上的資本離去這種產業，那實際上都和它所要促進的大目的背道而馳。那只能阻礙，而不能促進社會走向富強的發展；只能減少，而不能增加其土地和勞動的年產物的價值。

一切特惠或限制的制度，一經完全廢除，最明白最單純的自然自由制度就會樹立起來。每一個人，在他不違反正義的法律時，都應聽其完全自由，讓他採用自己的方法，追求自己的利益，以其勞動及資本和任何其他人或其他階級相競爭。這樣，君主們就被完全解除了監督私人產業、指導私人產業，使之最適合於社會利益的義務。

第 5 篇

論君主或國家的收入

第一章　論君主或國家的費用

按照自然自由的制度，君主只有三個應盡的義務——這三個義務雖很重要，但都是一般人所能理解的。第一，保護社會，使不受其他獨立社會的侵犯。第二，盡可能保護社會上各個人，使不受社會上任何其他人的侵害或壓迫，這就是說，要設立嚴正的司法機關。第三，建設並維持某些公共事業及某些公共設施(其建設與維持絕不是為着任何個人或任何少數人的利益)，這種事業與設施，在由大社會經營時，其利潤常能補償所費而有餘，但若由個人或少數人經營，就決不能補償所費。

這些義務的適當履行，必須有一定的費用；而這一定的費用，又必須有一定的收入來支付。

防禦社會的費用，維持一國元首的費用，都是為社會的一般利益而支出的。因此，照正當道理，這兩者應當來自全社會一般的貢獻，而社會各個人的資助，又須盡可能與他們各自能力相稱。

司法行政的費用，亦無疑是為全社會的一般利益而支出的。這種費用，由全社會一般的貢獻開支，並無不當。不過，國家之所以有支出此項費用的必要，乃因社會有些人多行不義，勢非設置法院救濟保護不可；而最直接受到法院利益的，又是那些由法院恢復其權利或維持其權利的人。因此，司法行政費用，如按照特殊情形，由他們雙方或其中一方支付，即由法院手續費開支，最為妥當。除非罪人自身無財產資金夠支付此手續費，否則，這項費用，是無須由社會全體負擔的。

凡利在一地一州的地方費用或州區費用(例如為特定城市或特定地區支出的警察費)，當由地方收入或州區收入開支，而不應由社會一般收入開支。為了社會局部的利益，而增加社會全體的負擔，那是不大正當的。

維持良好道路及交通機關，無疑是有利於社會全體，所以，其費用由全社會的一般收入支出，並無不當。不過，最直接地受這費用的利益的人，乃是往來各處轉運貨物的商賈，以及購用那種貨物的消費者。所以，英格蘭的道路通行稅，歐洲其他各國所謂路捐橋捐，完全由這兩種人負擔；這一來，社會一般人的負擔就要減輕許多了。

一國的教育設施及宗教設施，分明是對社會有利益的，其費用由社會的一般收入開支並無不當。可是，這費用如由那直接受到教育利益宗教利益的人支付，或者由自以為有受教育利益或宗教利益的必要的人自發地出資開支，恐怕是同樣妥當，說不定還帶有若干利益。

凡有利於全社會的各種設施或土木工程，如不能全由那些最直接受到利益的人維持，或不是全由他們維持，那末，在大多數場合，不足之數，就不能不由全社會一般的貢獻彌補。因此，社會的一般收入，除開支國防費及君主養尊費外，還須補充許多特別收入部門的不足。這一般收入或公共收入的源泉，我將在下一章說明。

第二章　論一般收入或公共收入的源泉

個人的私收入，最終總是出於三個不同的源泉，即地租、利潤與工資。每種賦稅，歸根結底，必定是由這三種收入源泉的這一種或那一種或無區別地由這三種收入源泉共同支付的。〔計有：〕第一，打算加於地租的稅；第二，打算加於利潤的稅；第三，打算加於工資的稅，第四，打算不分彼此地加於這三項收入源泉的稅。

各國民應當完納的賦稅，
必須是確定的，
不得隨意變更。

〔本章不擬〕討論各特殊賦稅，只列舉關於一般賦稅的四種原則。這四種原則如下。

一、一國國民，都須在可能範圍內，按照各自能力的比例，即按照各自在國家保護下享得的收入的比例，繳納國賦，維持政府。一個大國的各個人須繳納政府費用，正如一個大地產的公共租地者須按照各自在該地產上所受利益的比例，提供它的管理費用一樣。所謂賦稅的平等或不平等，就看對於這種原則是尊重還是忽視。必須注意，任何賦稅，如果結果僅由地租、利潤、工資三者之一負擔，其他兩者不受影響，那必然是不平等的。

二、各國民應當完納的賦稅，必須是確定的，不得隨意變更。完納的日期、完納的方法、完納的額數，都應當讓一切納稅者及其他的人了解得十分清楚明白。如果不然，每個納稅人，就多少不免為稅吏的權力所左右；稅吏會借端加重賦稅，或者利用加重賦稅的恐嚇，勒索贈物或賄賂。賦稅如不確定，那怕是不專橫不腐化的稅吏，也會由此變成專橫與腐化；何況他們這類人本來就是不得人心的。據一切國家的經驗，我相信，賦稅雖再不平等，其害民尚小，賦稅稍不確定，其害民實大。確定人民應納的稅額，是非常重要的事情。

三、各種賦稅完納的日期及完納的方法，須予納稅者以最大便利。房租稅和地租稅，應在普通繳納房租、地租的同一個時期徵收，因為這時期對納稅者最為便利，或者說，他在這時期最容易拿出錢來。至於對奢侈品一類的消費物品的賦稅，最終是要出在消費者身上的；徵取的方法，一般都對他極其便利。當他購物時，繳納少許。每購一次，繳納一次。購與不購，是他的自由；如他因這種稅的徵收而感到何等大的困難，那只有責備自己。

四、一切賦稅的徵收，須設法使人民所付出的，盡可能等於國家所收入的。如人民所付出的，多於國家所收入的，那是由於以下四種弊端。第一，徵收賦稅可能使用了大批官吏，這些官吏，不但要耗去大部分稅收作為薪俸，而且在正稅以外，苛索人民，增加人民負擔。第二，它可能妨礙了人民的勤勞，使人民對那些會給許多人提供生計和職業的事業裹足不前，並使本來可利用以舉辦上述事業的基金，由於要繳納稅款而縮減乃至於消滅。第三，對於不幸的逃稅未遂者所使用的充公及其他懲罰辦法，往往會傾其家產，因而社會便失去由使用這部分資本所能獲得的利益。不適當的賦稅，實為逃稅的大誘因。但逃稅的懲罰，又勢必隨這誘因的加強而相應地加重。這樣的法律，始則造成逃稅的誘因，繼複用嚴刑以懲逃稅，並常常按照誘惑的大小，而定刑罰的輕重，設阱陷民，完全違反普通正義原則。第四，稅吏頻繁的訪問及可厭的稽查，常使納稅者遭受極不必要的麻煩、困惱與壓迫。這種煩擾嚴格地講，雖不是甚麼金錢上的損失，但無疑是一種損失，因為人人都願設法來避脫這種煩擾。總之，賦稅之所以往往徒困人民而無補於國家收入，總不外由於這四種原因。

上述四原則，道理顯明，效用昭著，一切國家在制定稅法時，都多少留意到了。它們都曾盡其所知，設法使賦稅盡可能地保持公平。納稅日期、輸納方法，務求其確定和便利於納稅者。此外它們並曾竭力使人民於輸納正稅外，不再受其他勒索。但各國在這方面的努力，並未得到同樣的成功。

本書繁體字版由北京商務印書館授權出版

國富論(精選本)

作　　者：【英】亞當・斯密
譯　　者：郭大力 王亞南
選 編 者：范家驤
責任編輯：黎彩玉
封面設計：陳穎欣
封面圖像：北角官立上午小學
出　　版：商務印書館(香港)有限公司
香港筲箕灣耀興道3號東滙廣場8樓
http://www.commercialpress.com.hk
發　　行：香港聯合書刊物流有限公司
香港新界大埔汀麗路36號中華商務印刷大廈3樓
印　　刷：美雅印刷製本有限公司
九龍觀塘榮業街6號海濱工業大廈4樓A
版　　次：2012年6月第4次印刷

ISBN 978 962 07 5403 6
Printed in Hong Kong